北京地区民用机场
· 运营管理立法汇编 ·

· 北京首都国际机场股份有限公司 **编** ·

COMPILATION OF THE LEGISLATION OF
BEIJING MUNICIPALITY ON THE
ADMINISTRATION OF CIVIL AIRPORTS OPERATION

中国政法大学出版社

2018 · 北京

北京地区民用机场
运营管理立法汇编

● 编纂委员会 ●

主　任： 韩志亮　高丽佳

副主任： 张　伟　邓先山　王蔚玉　杜　强

　　　　　沈兰成

├ 编纂小组 ┤

组　长： 李　群

副组长： 王　昊　李宁宁　王文雯

编纂人员： 付　娆　章　可　牛一旸　彭翠红

　　　　　　邹　沛　冯晓超　王欣颖　高　珍

序 言

"法者，治之端也。"这是两千多年前中国思想家的治国箴言。今天的中国，仍然在"奉法者强"的信念下建设着"法治中国"的大业。今天的民用航空业，正在"法治民航"的战略下书写着"民航强国"的篇章。

作为第一国门的首都机场，是亚洲最大的航空交通枢纽，是中国对外经济文化交流的重要窗口。在仅仅十余年间，首都机场已从世界三十大机场之外跃居到全球第二大繁忙机场，圆满实现了持续安全，有效促进了地方经济，积极服务了国家战略。

首都机场的安全运营和持续发展得益于法治环境的不断优化。2009 年 7 月 1 日，国务院出台了《民用机场管理条例》，对民用机场的建设和使用、安全和运营管理、安全环境保护等事宜做出了全面规定，为机场安全、服务、运行管理提供了基本规范（其中包括自民航局开展"机场特许经营试点"

以来首次以"机场有偿转让经营权"设置规定）。2010年9月9日，北京市出台了《北京市民用机场净空保护区域管理若干规定》，对机场净空保护区域内的禁止行为和相关单位净空管理的具体职责做出了明确规定，对解决行业和属地行政部门审批衔接不畅，以及机场公共区公共管理责任归属不清、管理薄弱等问题发挥了至关重要的作用。2014年10月22日，北京市出台了《北京市民用运输机场管理办法》，对机场管理联席会议制度、行政处罚委托执法，以及机场规划建设、安全管理、突发事件、市容环境、公共秩序、交通组织等问题做出了规定。办法实施以来，北京市建立并落实了《首都国际机场净空保护工作联席会议工作制度》、《首都机场净空保护区域建设工程规划管理联动审核制度（顺义区）》，首都机场净空管理工作得到了有效提升，安全管控水准不断提高。

在法治促进发展的同时，发展能为法治的继续完善创造空间。比如，《北京市民用运输机场管理办法》和《北京市民用机场净空保护区域管理若干规定》已在实践中取得了实效，得到了普遍认可，制定相关地方性法规的条件已经成熟，可以像国内很多省市一样制定机场管理和净空保护单行地方性法规。又如，机场管理联席会议制度和行政处罚执法新模式在落实过程中，需要更强操作性和更加细化的立法予以规制，可以补充和完善具体机制、流程等问题的规定。再如，近年来机场净空管理中出现了新的突出问题和新的管控需求，需要对诸如跨地域民用机场净空环境保护的管理、净空保护区域的建/构筑物、升空机械管控、机场周边植物和自然生态环境管控、烟花爆竹管控问题、激光干扰飞行安全、其他升空物如无人机等管控、鸽子等鸟类动物管控、鸟害防治工作等方面进一步予以立法。另外，自 2004 年民航局开展"机场特许经营试点"和 2009 年《民用机场管理条例》规定"机场有偿转让经营权"以来，相关业务在取得实效的同时也面临诸如所有权与经营权权属冲突、完全禁止机场关联企业参与经营存在困难、转让费收费依据有待完善的问题，需要配套规定予以解决。

有鉴于此，《北京地区民用机场运营管理立法汇编》一书旨在通过梳理整合与北京市机场运行管理密切相关的法律、法规、规章、规范性文件，且特意纳入其他一些省市在净空管理和机场有偿转让经营权等方面的地方性法规和规章，一方面便于全面化和体系化地明确北京市机场管理机构等相关单位之应为、可为与不为，督促职责之履行、义务之遵守；另一方面以资比较借鉴同级立法，实际工作按图索骥，联系实践推动立法。

在经济全球化的今天，机场是国家发展的动力，良法美治是助力起航的东风。我们将践履法律职责，为建设北京双枢纽、首都经济圈埋头苦干；我们也将见证法制发展，为京津冀民航协同发展和"一带一路"发展战略保驾护航！

首都机场集团公司副总经理

北京首都国际机场股份有限公司总经理

2017 年 11 月

CONTENTS
目 录

第四部分
民用机场安全环境保护

第一部分

总　则

中华人民共和国民用航空法（节选）

【发布日期】2017.11.04
【实施日期】2017.11.05
【效力级别】法律
【发文字号】主席令第81号

第一章　总　则

第一条　为了维护国家的领空主权和民用航空权利，保障民用航空活动安全和有秩序地进行，保护民用航空活动当事人各方的合法权益，促进民用航空事业的发展，制定本法。

第二条　中华人民共和国的领陆和领水之上的空域为中华人民共和国领空。中华人民共和国对领空享有完全的、排他的主权。

第三条　国务院民用航空主管部门对全国民用航空活动实施统一监督管理；根据法律和国务院的决定，在本部门的权限内，发布有关民用航空活动的规定、决定。

国务院民用航空主管部门设立的地区民用航空管理机构依照国务院民用航空主管部门的授权，监督管理各该地区的民用航空活动。

第四条　国家扶持民用航空事业的发展，鼓励和支持发展民用航空的科学研究和教育事业，提高民用航空科学技术水平。

国家扶持民用航空器制造业的发展，为民用航空活动提供安全、先进、经济、适用的民用航空器。

民用机场管理条例（节选）

【发布日期】2009.04.13

【实施日期】2009.07.01

【效力级别】行政法规

【发文字号】国务院令第 553 号

第一章　总　则

第一条　为了规范民用机场的建设与管理，积极、稳步推进民用机场发展，保障民用机场安全和有序运营，维护有关当事人的合法权益，依据《中华人民共和国民用航空法》，制定本条例。

第二条　本条例适用于中华人民共和国境内民用机场的规划、建设、使用、管理及其相关活动。

民用机场分为运输机场和通用机场。

第三条　民用机场是公共基础设施。各级人民政府应当采取必要的措施，鼓励、支持民用机场发展，提高民用机场的管理水平。

第四条　国务院民用航空主管部门依法对全国民用机场实施行业监督管理。地区民用航空管理机构依法对辖区内民用机场实施行业监督管理。

有关地方人民政府依法对民用机场实施监督管理。

　　第五条　全国民用机场布局规划应当根据国民经济和社会发展需求以及国防要求编制，并与综合交通发展规划、土地利用总体规划、城乡规划相衔接，严格控制建设用地规模，节约集约用地，保护生态环境。

第二部分

民用机场的建设和使用

一、机场的建设与规划

中华人民共和国民用航空法（节选）

【发布日期】2017.11.04
【实施日期】2017.11.05
【效力级别】法律
【发文字号】主席令第81号

第五十三条 本法所称民用机场，是指专供民用航空器起飞、降落、滑行、停放以及进行其他活动使用的划定区域，包括附属的建筑物、装置和设施。

本法所称民用机场不包括临时机场。

军民合用机场由国务院、中央军事委员会另行制定管理办法。

第五十四条 民用机场的建设和使用应当统筹安排、合理布局，提高机场的使用效率。

全国民用机场的布局和建设规划，由国务院民用航空主管部门会同国务院其他有关部门制定，并按照国家规定的程序，经批准后组织实施。

省、自治区、直辖市人民政府应当根据全国民用机场的布局和建设规划，制定本行政区域内的民用机场建设规划，并按照国家规定的程序，经批准后，将其纳入本级国民经济和社会发展规划。

第五十五条 民用机场建设规划应当与城市建设规划相协调。

第五十六条 新建、改建和扩建民用机场，应当符合依法制定的民用机场布局和建设规划，符合民用机场标准，并按照国家规定报经有关主管机关批准并实施。

不符合依法制定的民用机场布局和建设规划的民用机场建设项目，不得批准。

第五十七条 新建、扩建民用机场，应当由民用机场所在地县级以上地方人民政府发布公告。

前款规定的公告应当在当地主要报纸上刊登，并在拟新建、扩建机场周围地区张贴。

第六十四条 设立国际机场，由国务院民用航空主管部门报请国务院审查批准。

国际机场的开放使用，由国务院民用航空主管部门对外公告；国际机场资料由国务院民用航空主管部门统一对外提供。

民用机场管理条例（节选）

【发布日期】2009.04.13
【实施日期】2009.07.01
【效力级别】行政法规
【发文字号】国务院令第553号

第六条　新建运输机场的场址应当符合国务院民用航空主管部门规定的条件。

运输机场所在地有关地方人民政府应当将运输机场场址纳入土地利用总体规划和城乡规划统筹安排，并对场址实施保护。

第七条　运输机场的新建、改建和扩建应当依照国家有关规定办理建设项目审批、核准手续。

第八条　运输机场总体规划由运输机场建设项目法人编制，并经国务院民用航空主管部门或者地区民用航空管理机构（以下统称民用航空管理部门）批准后方可实施。

飞行区指标为4E以上（含4E）的运输机场的总体规划，由国务院民用航空主管部门批准；飞行区指标为4D以下（含4D）的运输机场的总体规划，由所在地地区民用航空管理机构批准。民用航空管理部门审批运输机场总体规划，应当征求运输机场所在地有关地方人民政府意见。

运输机场建设项目法人编制运输机场总体规划，应当征求有关军事机关意见。

第九条　运输机场所在地有关地方人民政府应当将运输机场总体规划纳入城乡规划，并根据运输机场的运营和发展需要，对运输机场周边地区的土地利用和建设实行规划控制。

第十条　运输机场内的建设项目应当符合运输机场总体规划。任何单位和个人不得在运输机场内擅自新建、改建、扩建建筑物或者构筑物。

第十一条　运输机场新建、改建和扩建项目的安全设施应当与主体工程同时设计、同时施工、同时验收、同时投入使用。安全设施投资应当纳入建设项目概算。

第十二条　运输机场内的供水、供电、供气、通信、道路等基础设施由机场建设项目法人负责建设；运输机场外的供水、供电、供气、通信、道路等基础设施由运输机场所在地地方人民政府统一规划，统筹建设。

第十三条　运输机场专业工程的设计应当符合国家有关标准，并经民用航空管理部门批准。

飞行区指标为4E以上（含4E）的运输机场专业工程的设计，由国务院民用航空主管部门批准；飞行区指标为4D以下（含4D）的运输机场专业工程的设计，由运输机场所在地地区民用航空管理机构批准。

运输机场专业工程经民用航空管理部门验收合格后，方可投入使用。

运输机场专业工程目录由国务院民用航空主管部门会同国务院建设主管部门制定并公布。

第十四条　通用机场的规划、建设按照国家有关规定执行。

第十五条　运输机场的安全和运营管理由依法组建的或者受委托的具有法人资格的机构（以下简称机场管理机构）负责。

第六十三条　违反本条例的规定，有下列情形之一的，由民用航空管理部门责令改正，处10万元以上50万元以下的罚款：

（一）在运输机场内进行不符合运输机场总体规划的建设

活动；

（二）擅自实施未经批准的运输机场专业工程的设计，或者将未经验收合格的运输机场专业工程投入使用；

（三）在运输机场开放使用的情况下，未经批准在飞行区及与飞行区临近的航站区内进行施工。

第八十四条　本条例所称运输机场是指为从事旅客、货物运输等公共航空运输活动的民用航空器提供起飞、降落等服务的机场。

本条例所称通用机场是指为从事工业、农业、林业、渔业和建筑业的作业飞行，以及医疗卫生、抢险救灾、气象探测、海洋监测、科学实验、教育训练、文化体育等飞行活动的民用航空器提供起飞、降落等服务的机场。

第八十五条　本条例所称飞行区指标为 4D 的运输机场是指可供基准飞行场地长度大于 1800 米、翼展在 36 米至 52 米之间、主起落架外轮外侧边间距在 9 米至 14 米之间的民用航空器起飞、降落的机场。

本条例所称飞行区指标为 4E 的运输机场是指可供基准飞行场地长度大于 1800 米、翼展在 52 米至 65 米之间、主起落架外轮外侧边间距在 9 米至 14 米之间的民用航空器起飞、降落的机场。

二、机场的使用

中华人民共和国民用航空法（节选）

【发布日期】2017. 11. 04
【实施日期】2017. 11. 05
【效力级别】法律
【发文字号】主席令第 81 号

第六十二条 民用机场应当持有机场使用许可证，方可开放使用。

民用机场具备下列条件，并按照国家规定经验收合格后，方可申请机场使用许可证：

（一）具备与其运营业务相适应的飞行区、航站区、工作区以及服务设施和人员；

（二）具备能够保障飞行安全的空中交通管制、通信导航、气象等设施和人员；

（三）具备符合国家规定的安全保卫条件；

（四）具备处理特殊情况的应急计划以及相应的设施和人员；

（五）具备国务院民用航空主管部门规定的其他条件。

国际机场还应当具备国际通航条件，设立海关和其他口岸检查机关。

第六十三条 民用机场使用许可证由机场管理机构向国务院民用航空主管部门申请，经国务院民用航空主管部门审查批准后颁发。

第六十九条 民用机场废弃或者改作他用，民用机场管理机构应当依照国家规定办理报批手续。

第二百一十条 违反本法第六十二条的规定，未取得机场使用许可证开放使用民用机场的，由国务院民用航空主管部门责令停止开放使用；没收违法所得，可以并处违法所得一倍以下的罚款。

民用机场管理条例（节选）

【发布日期】2009.04.13
【实施日期】2009.07.01
【效力级别】行政法规
【发文字号】国务院令第 553 号

第十六条　运输机场投入使用应当具备下列条件：

（一）有健全的安全运营管理体系、组织机构和管理制度；

（二）有与其运营业务相适应的飞行区、航站区、工作区以及空中交通服务、航行情报、通信导航监视、气象等相关设施、设备和人员；

（三）使用空域、飞行程序和运行标准已经批准；

（四）符合国家规定的民用航空安全保卫条件；

（五）有处理突发事件的应急预案及相应的设施、设备。

第十七条　运输机场投入使用的，机场管理机构应当向国务院民用航空主管部门提出申请，并附送符合本条例第十六条规定条件的相关材料。

国务院民用航空主管部门应当自受理申请之日起 45 个工作日内审查完毕，作出准予许可或者不予许可的决定。准予许可的，颁发运输机场使用许可证；不予许可的，应当书面通知申请人并说明理由。

第十八条　通用机场投入使用应当具备下列条件：

（一）有与运营业务相适应的飞行场地；

（二）有保证飞行安全的空中交通服务、通信导航监视等设施和设备；

（三）有健全的安全管理制度、符合国家规定的民用航空安全保卫条件以及处理突发事件的应急预案；

（四）配备必要的管理人员和专业技术人员。

第十九条 通用机场投入使用的，通用机场的管理者应当向通用机场所在地地区民用航空管理机构提出申请，并附送符合本条例第十八条规定条件的相关材料。

地区民用航空管理机构应当自受理申请之日起 30 个工作日内审查完毕，作出准予许可或者不予许可的决定。准予许可的，颁发通用机场使用许可证；不予许可的，应当书面通知申请人并说明理由。

第二十条 运输机场作为国际机场使用的，应当按照国家有关规定设立口岸查验机构，配备相应的人员、场地和设施，并经国务院有关部门验收合格。

国际机场的开放使用，由国务院民用航空主管部门对外公告；国际机场资料由国务院民用航空主管部门统一对外提供。

第二十一条 机场管理机构应当按照运输机场使用许可证规定的范围开放使用运输机场，不得擅自关闭。

运输机场因故不能保障民用航空器运行安全，需要临时关闭的，机场管理机构应当及时通知有关空中交通管理部门并及时向社会公告。空中交通管理部门应当按照相关规定发布航行通告。

机场管理机构拟关闭运输机场的，应当提前 45 日报颁发运输机场使用许可证的机关，经批准后方可关闭，并向社会公告。

第二十二条 运输机场的命名或者更名应当符合国家有关法律、行政法规的规定。

第二十三条 运输机场废弃或者改作他用的，机场管理机构应当按照国家有关规定办理报批手续，并及时向社会公告。

第六十三条　违反本条例的规定，有下列情形之一的，由民用航空管理部门责令改正，处 10 万元以上 50 万元以下的罚款：

（一）在运输机场内进行不符合运输机场总体规划的建设活动；

（二）擅自实施未经批准的运输机场专业工程的设计，或者将未经验收合格的运输机场专业工程投入使用；

（三）在运输机场开放使用的情况下，未经批准在飞行区及与飞行区临近的航站区内进行施工。

第六十四条　违反本条例的规定，机场管理机构未按照运输机场使用许可证规定的范围使用运输机场的，由运输机场所在地地区民用航空管理机构责令改正，处 20 万元以上 100 万元以下的罚款。

第六十五条　违反本条例的规定，机场管理机构未经批准擅自关闭运输机场的，由运输机场所在地地区民用航空管理机构责令改正，处 10 万元以上 50 万元以下的罚款。

第六十六条　违反本条例的规定，机场管理机构因故不能保障民用航空器飞行安全，临时关闭运输机场，未及时通知有关空中交通管理部门并及时向社会公告，或者经批准关闭运输机场后未及时向社会公告的，由运输机场所在地地区民用航空管理机构责令改正，处 2 万元以上 10 万元以下的罚款。

第三部分

民用机场安全和运营管理

一、机场的安全管理

中华人民共和国民用航空法（节选）

【发布日期】2017. 11. 04
【实施日期】2017. 11. 05
【效力级别】法律
【发文字号】主席令第 81 号

第六十五条 民用机场应当按照国务院民用航空主管部门的规定，采取措施，保证机场内人员和财产的安全。

第一百九十三条 违反本法规定，隐匿携带炸药、雷管或者其他危险品乘坐民用航空器，或者以非危险品品名托运危险品的，依照刑法有关规定追究刑事责任。

企业事业单位犯前款罪的，判处罚金，并对直接负责的主管人员和其他直接责任人员依照前款规定追究刑事责任。

隐匿携带枪支子弹、管制刀具乘坐民用航空器的，依照刑法有关规定追究刑事责任。

第一百九十六条 故意传递虚假情报，扰乱正常飞行秩序，使公私财产遭受重大损失的，依照刑法有关规定追究刑事责任。

第一百九十八条 聚众扰乱民用机场秩序的，依照刑法有关规定追究刑事责任。

第二百条 违反本法规定，尚不够刑事处罚，应当绘予治安管理处罚的，依照治安管理处罚法的规定处罚。

中华人民共和国安全生产法

【发布日期】2014.08.31
【实施日期】2002.11.01
【效力级别】法律
【发文字号】主席令第 13 号

第一章 总 则

第一条 为了加强安全生产工作，防止和减少生产安全事故，保障人民群众生命和财产安全，促进经济社会持续健康发展，制定本法。

第二条 在中华人民共和国领域内从事生产经营活动的单位（以下统称生产经营单位）的安全生产，适用本法；有关法律、行政法规对消防安全和道路交通安全、铁路交通安全、水上交通安全、民用航空安全以及核与辐射安全、特种设备安全另有规定的，适用其规定。

第三条 安全生产工作应当以人为本，坚持安全发展，坚持安全第一、预防为主、综合治理的方针，强化和落实生产经营单位的主体责任，建立生产经营单位负责、职工参与、政府监管、行业自律和社会监督的机制。

第四条 生产经营单位必须遵守本法和其他有关安全生产的法律、法规，加强安全生产管理，建立、健全安全生产责任制和安全生产规章制度，改善安全生产条件，推进安全生产标准化建设，提高安全生产水平，确保安全生产。

第五条 生产经营单位的主要负责人对本单位的安全生产工作全面负责。

第六条 生产经营单位的从业人员有依法获得安全生产保障的权利，并应当依法履行安全生产方面的义务。

第七条 工会依法对安全生产工作进行监督。

生产经营单位的工会依法组织职工参加本单位安全生产工作的民主管理和民主监督，维护职工在安全生产方面的合法权益。生产经营单位制定或者修改有关安全生产的规章制度，应当听取工会的意见。

第八条 国务院和县级以上地方各级人民政府应当根据国民经济和社会发展规划制定安全生产规划，并组织实施。安全生产规划应当与城乡规划相衔接。

国务院和县级以上地方各级人民政府应当加强对安全生产工作的领导，支持、督促各有关部门依法履行安全生产监督管理职责，建立健全安全生产工作协调机制，及时协调、解决安全生产监督管理中存在的重大问题。

乡、镇人民政府以及街道办事处、开发区管理机构等地方人民政府的派出机关应当按照职责，加强对本行政区域内生产经营单位安全生产状况的监督检查，协助上级人民政府有关部门依法履行安全生产监督管理职责。

第九条 国务院安全生产监督管理部门依照本法，对全国安全生产工作实施综合监督管理；县级以上地方各级人民政府安全生产监督管理部门依照本法，对本行政区域内安全生产工作实施综合监督管理。

国务院有关部门依照本法和其他有关法律、行政法规的规定，在各自的职责范围内对有关行业、领域的安全生产工作实施监督管理；县级以上地方各级人民政府有关部门依照本法和其他有关法律、法规的规定，在各自的职责范围内对有关行业、领域的安全生产工作实施监督管理。

安全生产监督管理部门和对有关行业、领域的安全生产工作实施监督管理的部门，统称负有安全生产监督管理职责的部门。

第十条 国务院有关部门应当按照保障安全生产的要求，依法及时制定有关的国家标准或者行业标准，并根据科技进步和经济发展适时修订。

生产经营单位必须执行依法制定的保障安全生产的国家标准或者行业标准。

第十一条 各级人民政府及其有关部门应当采取多种形式，加强对有关安全生产的法律、法规和安全生产知识的宣传，增强全社会的安全生产意识。

第十二条 有关协会组织依照法律、行政法规和章程，为生产经营单位提供安全生产方面的信息、培训等服务，发挥自律作用，促进生产经营单位加强安全生产管理。

第十三条 依法设立的为安全生产提供技术、管理服务的机构，依照法律、行政法规和执业准则，接受生产经营单位的委托为其安全生产工作提供技术、管理服务。

生产经营单位委托前款规定的机构提供安全生产技术、管理服务的，保证安全生产的责任仍由本单位负责。

第十四条 国家实行生产安全事故责任追究制度，依照本法和有关法律、法规的规定，追究生产安全事故责任人员的法律责任。

第十五条 国家鼓励和支持安全生产科学技术研究和安全生产先进技术的推广应用，提高安全生产水平。

第十六条 国家对在改善安全生产条件、防止生产安全事故、参加抢险救护等方面取得显著成绩的单位和个人，给予奖励。

第二章 生产经营单位的安全生产保障

第十七条 生产经营单位应当具备本法和有关法律、行政法规和国家标准或者行业标准规定的安全生产条件；不具备安全生产条件的，不得从事生产经营活动。

第十八条 生产经营单位的主要负责人对本单位安全生产工作负有下列职责：

（一）建立、健全本单位安全生产责任制；

（二）组织制定本单位安全生产规章制度和操作规程；

（三）组织制定并实施本单位安全生产教育和培训计划；

（四）保证本单位安全生产投入的有效实施；

（五）督促、检查本单位的安全生产工作，及时消除生产安全事故隐患；

（六）组织制定并实施本单位的生产安全事故应急救援预案；

（七）及时、如实报告生产安全事故。

第十九条 生产经营单位的安全生产责任制应当明确各岗位的责任人员、责任范围和考核标准等内容。

生产经营单位应当建立相应的机制，加强对安全生产责任制落实情况的监督考核，保证安全生产责任制的落实。

第二十条 生产经营单位应当具备的安全生产条件所必需的资金投入，由生产经营单位的决策机构、主要负责人或者个人经营的投资人予以保证，并对由于安全生产所必需的资金投入不足导致的后果承担责任。

有关生产经营单位应当按照规定提取和使用安全生产费用，专门用于改善安全生产条件。安全生产费用在成本中据实列支。安全生产费用提取、使用和监督管理的具体办法由国务院财政部门会同国务院安全生产监督管理部门征求国务院有关部门意见后制定。

第二十一条 矿山、金属冶炼、建筑施工、道路运输单位和危险物品的生产、经营、储存单位，应当设置安全生产管理机构或者配备专职安全生产管理人员。

前款规定以外的其他生产经营单位，从业人员超过一百人的，应当设置安全生产管理机构或者配备专职安全生产管理人员；从业人员在一百人以下的，应当配备专职或者兼职的安全生产管理人员。

第二十二条　生产经营单位的安全生产管理机构以及安全生产管理人员履行下列职责：

（一）组织或者参与拟订本单位安全生产规章制度、操作规程和生产安全事故应急救援预案；

（二）组织或者参与本单位安全生产教育和培训，如实记录安全生产教育和培训情况；

（三）督促落实本单位重大危险源的安全管理措施；

（四）组织或者参与本单位应急救援演练；

（五）检查本单位的安全生产状况，及时排查生产安全事故隐患，提出改进安全生产管理的建议；

（六）制止和纠正违章指挥、强令冒险作业、违反操作规程的行为；

（七）督促落实本单位安全生产整改措施。

第二十三条　生产经营单位的安全生产管理机构以及安全生产管理人员应当恪尽职守，依法履行职责。

生产经营单位作出涉及安全生产的经营决策，应当听取安全生产管理机构以及安全生产管理人员的意见。

生产经营单位不得因安全生产管理人员依法履行职责而降低其工资、福利等待遇或者解除与其订立的劳动合同。

危险物品的生产、储存单位以及矿山、金属冶炼单位的安全生产管理人员的任免，应当告知主管的负有安全生产监督管理职责的部门。

第二十四条　生产经营单位的主要负责人和安全生产管理人

员必须具备与本单位所从事的生产经营活动相应的安全生产知识和管理能力。

危险物品的生产、经营、储存单位以及矿山、金属冶炼、建筑施工、道路运输单位的主要负责人和安全生产管理人员，应当由主管的负有安全生产监督管理职责的部门对其安全生产知识和管理能力考核合格。考核不得收费。

危险物品的生产、储存单位以及矿山、金属冶炼单位应当有注册安全工程师从事安全生产管理工作。鼓励其他生产经营单位聘用注册安全工程师从事安全生产管理工作。注册安全工程师按专业分类管理，具体办法由国务院人力资源和社会保障部门、国务院安全生产监督管理部门会同国务院有关部门制定。

第二十五条 生产经营单位应当对从业人员进行安全生产教育和培训，保证从业人员具备必要的安全生产知识，熟悉有关的安全生产规章制度和安全操作规程，掌握本岗位的安全操作技能，了解事故应急处理措施，知悉自身在安全生产方面的权利和义务。未经安全生产教育和培训合格的从业人员，不得上岗作业。

生产经营单位使用被派遣劳动者的，应当将被派遣劳动者纳入本单位从业人员统一管理，对被派遣劳动者进行岗位安全操作规程和安全操作技能的教育和培训。劳务派遣单位应当对被派遣劳动者进行必要的安全生产教育和培训。

生产经营单位接收中等职业学校、高等学校学生实习的，应当对实习学生进行相应的安全生产教育和培训，提供必要的劳动防护用品。学校应当协助生产经营单位对实习学生进行安全生产教育和培训。

生产经营单位应当建立安全生产教育和培训档案，如实记录安全生产教育和培训的时间、内容、参加人员以及考核结果等情况。

第二十六条 生产经营单位采用新工艺、新技术、新材料或者使用新设备，必须了解、掌握其安全技术特性，采取有效的安全防护措施，并对从业人员进行专门的安全生产教育和培训。

第二十七条　生产经营单位的特种作业人员必须按照国家有关规定经专门的安全作业培训，取得相应资格，方可上岗作业。

特种作业人员的范围由国务院安全生产监督管理部门会同国务院有关部门确定。

第二十八条　生产经营单位新建、改建、扩建工程项目（以下统称建设项目）的安全设施，必须与主体工程同时设计、同时施工、同时投入生产和使用。安全设施投资应当纳入建设项目概算。

第二十九条　矿山、金属冶炼建设项目和用于生产、储存、装卸危险物品的建设项目，应当按照国家有关规定进行安全评价。

第三十条　建设项目安全设施的设计人、设计单位应当对安全设施设计负责。

矿山、金属冶炼建设项目和用于生产、储存、装卸危险物品的建设项目的安全设施设计应当按照国家有关规定报经有关部门审查，审查部门及其负责审查的人员对审查结果负责。

第三十一条　矿山、金属冶炼建设项目和用于生产、储存、装卸危险物品的建设项目的施工单位必须按照批准的安全设施设计施工，并对安全设施的工程质量负责。

矿山、金属冶炼建设项目和用于生产、储存危险物品的建设项目竣工投入生产或者使用前，应当由建设单位负责组织对安全设施进行验收；验收合格后，方可投入生产和使用。安全生产监督管理部门应当加强对建设单位验收活动和验收结果的监督核查。

第三十二条　生产经营单位应当在有较大危险因素的生产经营场所和有关设施、设备上，设置明显的安全警示标志。

第三十三条　安全设备的设计、制造、安装、使用、检测、维修、改造和报废，应当符合国家标准或者行业标准。

生产经营单位必须对安全设备进行经常性维护、保养，并定期检测，保证正常运转。维护、保养、检测应当作好记录，并由有关人员签字。

第三十四条 生产经营单位使用的危险物品的容器、运输工具，以及涉及人身安全、危险性较大的海洋石油开采特种设备和矿山井下特种设备，必须按照国家有关规定，由专业生产单位生产，并经具有专业资质的检测、检验机构检测、检验合格，取得安全使用证或者安全标志，方可投入使用。检测、检验机构对检测、检验结果负责。

第三十五条 国家对严重危及生产安全的工艺、设备实行淘汰制度，具体目录由国务院安全生产监督管理部门会同国务院有关部门制定并公布。法律、行政法规对目录的制定另有规定的，适用其规定。

省、自治区、直辖市人民政府可以根据本地区实际情况制定并公布具体目录，对前款规定以外的危及生产安全的工艺、设备予以淘汰。

生产经营单位不得使用应当淘汰的危及生产安全的工艺、设备。

第三十六条 生产、经营、运输、储存、使用危险物品或者处置废弃危险物品的，由有关主管部门依照有关法律、法规的规定和国家标准或者行业标准审批并实施监督管理。

生产经营单位生产、经营、运输、储存、使用危险物品或者处置废弃危险物品，必须执行有关法律、法规和国家标准或者行业标准，建立专门的安全管理制度，采取可靠的安全措施，接受有关主管部门依法实施的监督管理。

第三十七条 生产经营单位对重大危险源应当登记建档，进行定期检测、评估、监控，并制定应急预案，告知从业人员和相关人员在紧急情况下应当采取的应急措施。

生产经营单位应当按照国家有关规定将本单位重大危险源及有关安全措施、应急措施报有关地方人民政府安全生产监督管理部门和有关部门备案。

第三十八条　生产经营单位应当建立健全生产安全事故隐患排查治理制度，采取技术、管理措施，及时发现并消除事故隐患。事故隐患排查治理情况应当如实记录，并向从业人员通报。

县级以上地方各级人民政府负有安全生产监督管理职责的部门应当建立健全重大事故隐患治理督办制度，督促生产经营单位消除重大事故隐患。

第三十九条　生产、经营、储存、使用危险物品的车间、商店、仓库不得与员工宿舍在同一座建筑物内，并应当与员工宿舍保持安全距离。

生产经营场所和员工宿舍应当设有符合紧急疏散要求、标志明显、保持畅通的出口。禁止锁闭、封堵生产经营场所或者员工宿舍的出口。

第四十条　生产经营单位进行爆破、吊装以及国务院安全生产监督管理部门会同国务院有关部门规定的其他危险作业，应当安排专门人员进行现场安全管理，确保操作规程的遵守和安全措施的落实。

第四十一条　生产经营单位应当教育和督促从业人员严格执行本单位的安全生产规章制度和安全操作规程；并向从业人员如实告知作业场所和工作岗位存在的危险因素、防范措施以及事故应急措施。

第四十二条　生产经营单位必须为从业人员提供符合国家标准或者行业标准的劳动防护用品，并监督、教育从业人员按照使用规则佩戴、使用。

第四十三条　生产经营单位的安全生产管理人员应当根据本单位的生产经营特点，对安全生产状况进行经常性检查；对检查中发现的安全问题，应当立即处理；不能处理的，应当及时报告本单位有关负责人，有关负责人应当及时处理。检查及处理情况应当如实记录在案。

生产经营单位的安全生产管理人员在检查中发现重大事故隐

患，依照前款规定向本单位有关负责人报告，有关负责人不及时处理的，安全生产管理人员可以向主管的负有安全生产监督管理职责的部门报告，接到报告的部门应当依法及时处理。

第四十四条　生产经营单位应当安排用于配备劳动防护用品、进行安全生产培训的经费。

第四十五条　两个以上生产经营单位在同一作业区域内进行生产经营活动，可能危及对方生产安全的，应当签订安全生产管理协议，明确各自的安全生产管理职责和应当采取的安全措施，并指定专职安全生产管理人员进行安全检查与协调。

第四十六条　生产经营单位不得将生产经营项目、场所、设备发包或者出租给不具备安全生产条件或者相应资质的单位或者个人。

生产经营项目、场所发包或者出租给其他单位的，生产经营单位应当与承包单位、承租单位签订专门的安全生产管理协议，或者在承包合同、租赁合同中约定各自的安全生产管理职责；生产经营单位对承包单位、承租单位的安全生产工作统一协调、管理，定期进行安全检查，发现安全问题的，应当及时督促整改。

第四十七条　生产经营单位发生生产安全事故时，单位的主要负责人应当立即组织抢救，并不得在事故调查处理期间擅离职守。

第四十八条　生产经营单位必须依法参加工伤保险，为从业人员缴纳保险费。

国家鼓励生产经营单位投保安全生产责任保险。

第三章　从业人员的安全生产权利义务

第四十九条　生产经营单位与从业人员订立的劳动合同，应当载明有关保障从业人员劳动安全、防止职业危害的事项，以及依法为从业人员办理工伤保险的事项。

生产经营单位不得以任何形式与从业人员订立协议，免除或者减轻其对从业人员因生产安全事故伤亡依法应承担的责任。

第五十条　生产经营单位的从业人员有权了解其作业场所和工作岗位存在的危险因素、防范措施及事故应急措施，有权对本单位的安全生产工作提出建议。

第五十一条　从业人员有权对本单位安全生产工作中存在的问题提出批评、检举、控告；有权拒绝违章指挥和强令冒险作业。

生产经营单位不得因从业人员对本单位安全生产工作提出批评、检举、控告或者拒绝违章指挥、强令冒险作业而降低其工资、福利等待遇或者解除与其订立的劳动合同。

第五十二条　从业人员发现直接危及人身安全的紧急情况时，有权停止作业或者在采取可能的应急措施后撤离作业场所。

生产经营单位不得因从业人员在前款紧急情况下停止作业或者采取紧急撤离措施而降低其工资、福利等待遇或者解除与其订立的劳动合同。

第五十三条　因生产安全事故受到损害的从业人员，除依法享有工伤保险外，依照有关民事法律尚有获得赔偿的权利的，有权向本单位提出赔偿要求。

第五十四条　从业人员在作业过程中，应当严格遵守本单位的安全生产规章制度和操作规程，服从管理，正确佩戴和使用劳动防护用品。

第五十五条　从业人员应当接受安全生产教育和培训，掌握本职工作所需的安全生产知识，提高安全生产技能，增强事故预防和应急处理能力。

第五十六条　从业人员发现事故隐患或者其他不安全因素，应当立即向现场安全生产管理人员或者本单位负责人报告；接到报告的人员应当及时予以处理。

第五十七条　工会有权对建设项目的安全设施与主体工程同时设计、同时施工、同时投入生产和使用进行监督，提出意见。

工会对生产经营单位违反安全生产法律、法规，侵犯从业人员合法权益的行为，有权要求纠正；发现生产经营单位违章指挥、强令冒险作业或者发现事故隐患时，有权提出解决的建议，生产经营单位应当及时研究答复；发现危及从业人员生命安全的情况时，有权向生产经营单位建议组织从业人员撤离危险场所，生产经营单位必须立即作出处理。

工会有权依法参加事故调查，向有关部门提出处理意见，并要求追究有关人员的责任。

第五十八条　生产经营单位使用被派遣劳动者的，被派遣劳动者享有本法规定的从业人员的权利，并应当履行本法规定的从业人员的义务。

第四章　安全生产的监督管理

第五十九条　县级以上地方各级人民政府应当根据本行政区域内的安全生产状况，组织有关部门按照职责分工，对本行政区域内容易发生重大生产安全事故的生产经营单位进行严格检查。

安全生产监督管理部门应当按照分类分级监督管理的要求，制定安全生产年度监督检查计划，并按照年度监督检查计划进行监督检查，发现事故隐患，应当及时处理。

第六十条　负有安全生产监督管理职责的部门依照有关法律、法规的规定，对涉及安全生产的事项需要审查批准（包括批准、核准、许可、注册、认证、颁发证照等，下同）或者验收的，必须严格依照有关法律、法规和国家标准或者行业标准规定的安全生产条件和程序进行审查；不符合有关法律、法规和国家标准或者行业标准规定的安全生产条件的，不得批准或者验收通过。对未依法取得批准或者验收合格的单位擅自从事有关活动的，负责行政审批的部门发现或者接到举报后应当立即予以取缔，并依法予以处理。对已经依法取得批准的单位，负责行政审批的部门发现其不再具备安全生产条件的，应当撤销原批准。

第六十一条　负有安全生产监督管理职责的部门对涉及安全

生产的事项进行审查、验收，不得收取费用；不得要求接受审查、验收的单位购买其指定品牌或者指定生产、销售单位的安全设备、器材或者其他产品。

第六十二条　安全生产监督管理部门和其他负有安全生产监督管理职责的部门依法开展安全生产行政执法工作，对生产经营单位执行有关安全生产的法律、法规和国家标准或者行业标准的情况进行监督检查，行使以下职权：

（一）进入生产经营单位进行检查，调阅有关资料，向有关单位和人员了解情况；

（二）对检查中发现的安全生产违法行为，当场予以纠正或者要求限期改正；对依法应当给予行政处罚的行为，依照本法和其他有关法律、行政法规的规定作出行政处罚决定；

（三）对检查中发现的事故隐患，应当责令立即排除；重大事故隐患排除前或者排除过程中无法保证安全的，应当责令从危险区域内撤出作业人员，责令暂时停产停业或者停止使用相关设施、设备；重大事故隐患排除后，经审查同意，方可恢复生产经营和使用；

（四）对有根据认为不符合保障安全生产的国家标准或者行业标准的设施、设备、器材以及违法生产、储存、使用、经营、运输的危险物品予以查封或者扣押，对违法生产、储存、使用、经营危险物品的作业场所予以查封，并依法作出处理决定。

监督检查不得影响被检查单位的正常生产经营活动。

第六十三条　生产经营单位对负有安全生产监督管理职责的部门的监督检查人员（以下统称安全生产监督检查人员）依法履行监督检查职责，应当予以配合，不得拒绝、阻挠。

第六十四条　安全生产监督检查人员应当忠于职守，坚持原则，秉公执法。

安全生产监督检查人员执行监督检查任务时，必须出示有效的监督执法证件；对涉及被检查单位的技术秘密和业务秘密，应当为其保密。

第六十五条 安全生产监督检查人员应当将检查的时间、地点、内容、发现的问题及其处理情况，作出书面记录，并由检查人员和被检查单位的负责人签字；被检查单位的负责人拒绝签字的，检查人员应当将情况记录在案，并向负有安全生产监督管理职责的部门报告。

第六十六条 负有安全生产监督管理职责的部门在监督检查中，应当互相配合，实行联合检查；确需分别进行检查的，应当互通情况，发现存在的安全问题应当由其他有关部门进行处理的，应当及时移送其他有关部门并形成记录备查，接受移送的部门应当及时进行处理。

第六十七条 负有安全生产监督管理职责的部门依法对存在重大事故隐患的生产经营单位作出停产停业、停止施工、停止使用相关设施或者设备的决定，生产经营单位应当依法执行，及时消除事故隐患。生产经营单位拒不执行，有发生生产安全事故的现实危险的，在保证安全的前提下，经本部门主要负责人批准，负有安全生产监督管理职责的部门可以采取通知有关单位停止供电、停止供应民用爆炸物品等措施，强制生产经营单位履行决定。通知应当采用书面形式，有关单位应当予以配合。

负有安全生产监督管理职责的部门依照前款规定采取停止供电措施，除有危及生产安全的紧急情形外，应当提前二十四小时通知生产经营单位。生产经营单位依法履行行政决定、采取相应措施消除事故隐患的，负有安全生产监督管理职责的部门应当及时解除前款规定的措施。

第六十八条 监察机关依照行政监察法的规定，对负有安全生产监督管理职责的部门及其工作人员履行安全生产监督管理职责实施监察。

第六十九条 承担安全评价、认证、检测、检验的机构应当具备国家规定的资质条件，并对其作出的安全评价、认证、检测、检验的结果负责。

第七十条 负有安全生产监督管理职责的部门应当建立举报制度，公开举报电话、信箱或者电子邮件地址，受理有关安全生产的举报；受理的举报事项经调查核实后，应当形成书面材料；需要落实整改措施的，报经有关负责人签字并督促落实。

第七十一条 任何单位或者个人对事故隐患或者安全生产违法行为，均有权向负有安全生产监督管理职责的部门报告或者举报。

第七十二条 居民委员会、村民委员会发现其所在区域内的生产经营单位存在事故隐患或者安全生产违法行为时，应当向当地人民政府或者有关部门报告。

第七十三条 县级以上各级人民政府及其有关部门对报告重大事故隐患或者举报安全生产违法行为的有功人员，给予奖励。具体奖励办法由国务院安全生产监督管理部门会同国务院财政部门制定。

第七十四条 新闻、出版、广播、电影、电视等单位有进行安全生产公益宣传教育的义务，有对违反安全生产法律、法规的行为进行舆论监督的权利。

第七十五条 负有安全生产监督管理职责的部门应当建立安全生产违法行为信息库，如实记录生产经营单位的安全生产违法行为信息；对违法行为情节严重的生产经营单位，应当向社会公告，并通报行业主管部门、投资主管部门、国土资源主管部门、证券监督管理机构以及有关金融机构。

第五章 生产安全事故的应急救援与调查处理

第七十六条 国家加强生产安全事故应急能力建设，在重点行业、领域建立应急救援基地和应急救援队伍，鼓励生产经营单位和其他社会力量建立应急救援队伍，配备相应的应急救援装备和物资，提高应急救援的专业化水平。

国务院安全生产监督管理部门建立全国统一的生产安全事故应急救援信息系统，国务院有关部门建立健全相关行业、领域的生产安全事故应急救援信息系统。

第七十七条　县级以上地方各级人民政府应当组织有关部门制定本行政区域内生产安全事故应急救援预案，建立应急救援体系。

第七十八条　生产经营单位应当制定本单位生产安全事故应急救援预案，与所在地县级以上地方人民政府组织制定的生产安全事故应急救援预案相衔接，并定期组织演练。

第七十九条　危险物品的生产、经营、储存单位以及矿山、金属冶炼、城市轨道交通运营、建筑施工单位应当建立应急救援组织；生产经营规模较小的，可以不建立应急救援组织，但应当指定兼职的应急救援人员。

危险物品的生产、经营、储存、运输单位以及矿山、金属冶炼、城市轨道交通运营、建筑施工单位应当配备必要的应急救援器材、设备和物资，并进行经常性维护、保养，保证正常运转。

第八十条　生产经营单位发生生产安全事故后，事故现场有关人员应当立即报告本单位负责人。

单位负责人接到事故报告后，应当迅速采取有效措施，组织抢救，防止事故扩大，减少人员伤亡和财产损失，并按照国家有关规定立即如实报告当地负有安全生产监督管理职责的部门，不得隐瞒不报、谎报或者迟报，不得故意破坏事故现场、毁灭有关证据。

第八十一条　负有安全生产监督管理职责的部门接到事故报告后，应当立即按照国家有关规定上报事故情况。负有安全生产监督管理职责的部门和有关地方人民政府对事故情况不得隐瞒不报、谎报或者迟报。

第八十二条　有关地方人民政府和负有安全生产监督管理职责的部门的负责人接到生产安全事故报告后，应当按照生产安全事故应急救援预案的要求立即赶到事故现场，组织事故抢救。

参与事故抢救的部门和单位应当服从统一指挥，加强协同联动，采取有效的应急救援措施，并根据事故救援的需要采取警戒、疏散等措施，防止事故扩大和次生灾害的发生，减少人员伤亡和财产损失。

事故抢救过程中应当采取必要措施，避免或者减少对环境造成的危害。

任何单位和个人都应当支持、配合事故抢救，并提供一切便利条件。

第八十三条　事故调查处理应当按照科学严谨、依法依规、实事求是、注重实效的原则，及时、准确地查清事故原因，查明事故性质和责任，总结事故教训，提出整改措施，并对事故责任者提出处理意见。事故调查报告应当依法及时向社会公布。事故调查和处理的具体办法由国务院制定。

事故发生单位应当及时全面落实整改措施，负有安全生产监督管理职责的部门应当加强监督检查。

第八十四条　生产经营单位发生生产安全事故，经调查确定为责任事故的，除了应当查明事故单位的责任并依法予以追究外，还应当查明对安全生产的有关事项负有审查批准和监督职责的行政部门的责任，对有失职、渎职行为的，依照本法第八十七条的规定追究法律责任。

第八十五条　任何单位和个人不得阻挠和干涉对事故的依法调查处理。

第八十六条　县级以上地方各级人民政府安全生产监督管理部门应当定期统计分析本行政区域内发生生产安全事故的情况，并定期向社会公布。

第六章　法律责任

第八十七条　负有安全生产监督管理职责的部门的工作人员，

有下列行为之一的，给予降级或者撤职的处分；构成犯罪的，依照刑法有关规定追究刑事责任：

（一）对不符合法定安全生产条件的涉及安全生产的事项予以批准或者验收通过的；

（二）发现未依法取得批准、验收的单位擅自从事有关活动或者接到举报后不予取缔或者不依法予以处理的；

（三）对已经依法取得批准的单位不履行监督管理职责，发现其不再具备安全生产条件而不撤销原批准或者发现安全生产违法行为不予查处的；

（四）在监督检查中发现重大事故隐患，不依法及时处理的。

负有安全生产监督管理职责的部门的工作人员有前款规定以外的滥用职权、玩忽职守、徇私舞弊行为的，依法给予处分；构成犯罪的，依照刑法有关规定追究刑事责任。

第八十八条 负有安全生产监督管理职责的部门，要求被审查、验收的单位购买其指定的安全设备、器材或者其他产品的，在对安全生产事项的审查、验收中收取费用的，由其上级机关或者监察机关责令改正，责令退还收取的费用；情节严重的，对直接负责的主管人员和其他直接责任人员依法给予处分。

第八十九条 承担安全评价、认证、检测、检验工作的机构，出具虚假证明的，没收违法所得；违法所得在十万元以上的，并处违法所得二倍以上五倍以下的罚款；没有违法所得或者违法所得不足十万元的，单处或者并处十万元以上二十万元以下的罚款；对其直接负责的主管人员和其他直接责任人员处二万元以上五万元以下的罚款；给他人造成损害的，与生产经营单位承担连带赔偿责任；构成犯罪的，依照刑法有关规定追究刑事责任。

对有前款违法行为的机构，吊销其相应资质。

第九十条 生产经营单位的决策机构、主要负责人或者个人经营的投资人不依照本法规定保证安全生产所必需的资金投入，致使生产经营单位不具备安全生产条件的，责令限期改正，提供必需的资金；逾期未改正的，责令生产经营单位停产停业整顿。

有前款违法行为，导致发生生产安全事故的，对生产经营单位的主要负责人给予撤职处分，对个人经营的投资人处二万元以上二十万元以下的罚款；构成犯罪的，依照刑法有关规定追究刑事责任。

第九十一条　生产经营单位的主要负责人未履行本法规定的安全生产管理职责的，责令限期改正；逾期未改正的，处二万元以上五万元以下的罚款，责令生产经营单位停产停业整顿。

生产经营单位的主要负责人有前款违法行为，导致发生生产安全事故的，给予撤职处分；构成犯罪的，依照刑法有关规定追究刑事责任。

生产经营单位的主要负责人依照前款规定受刑事处罚或者撤职处分的，自刑罚执行完毕或者受处分之日起，五年内不得担任任何生产经营单位的主要负责人；对重大、特别重大生产安全事故负有责任的，终身不得担任本行业生产经营单位的主要负责人。

第九十二条　生产经营单位的主要负责人未履行本法规定的安全生产管理职责，导致发生生产安全事故的，由安全生产监督管理部门依照下列规定处以罚款：

（一）发生一般事故的，处上一年年收入百分之三十的罚款；

（二）发生较大事故的，处上一年年收入百分之四十的罚款；

（三）发生重大事故的，处上一年年收入百分之六十的罚款；

（四）发生特别重大事故的，处上一年年收入百分之八十的罚款。

第九十三条　生产经营单位的安全生产管理人员未履行本法规定的安全生产管理职责的，责令限期改正；导致发生生产安全事故的，暂停或者撤销其与安全生产有关的资格；构成犯罪的，依照刑法有关规定追究刑事责任。

第九十四条　生产经营单位有下列行为之一的，责令限期改正，可以处五万元以下的罚款；逾期未改正的，责令停产停业整顿，并处五万元以上十万元以下的罚款，对其直接负责的主管人员和其他直接责任人员处一万元以上二万元以下的罚款：

（一）未按照规定设置安全生产管理机构或者配备安全生产管理人员的；

（二）危险物品的生产、经营、储存单位以及矿山、金属冶炼、建筑施工、道路运输单位的主要负责人和安全生产管理人员未按照规定经考核合格的；

（三）未按照规定对从业人员、被派遣劳动者、实习学生进行安全生产教育和培训，或者未按照规定如实告知有关的安全生产事项的；

（四）未如实记录安全生产教育和培训情况的；

（五）未将事故隐患排查治理情况如实记录或者未向从业人员通报的；

（六）未按照规定制定生产安全事故应急救援预案或者未定期组织演练的；

（七）特种作业人员未按照规定经专门的安全作业培训并取得相应资格，上岗作业的。

第九十五条 生产经营单位有下列行为之一的，责令停止建设或者停产停业整顿，限期改正；逾期未改正的，处五十万元以上一百万元以下的罚款，对其直接负责的主管人员和其他直接责任人员处二万元以上五万元以下的罚款；构成犯罪的，依照刑法有关规定追究刑事责任：

（一）未按照规定对矿山、金属冶炼建设项目或者用于生产、储存、装卸危险物品的建设项目进行安全评价的；

（二）矿山、金属冶炼建设项目或者用于生产、储存、装卸危险物品的建设项目没有安全设施设计或者安全设施设计未按照规定报经有关部门审查同意的；

（三）矿山、金属冶炼建设项目或者用于生产、储存、装卸危险物品的建设项目的施工单位未按照批准的安全设施设计施工的；

（四）矿山、金属冶炼建设项目或者用于生产、储存危险物品的建设项目竣工投入生产或者使用前，安全设施未经验收合格的。

第九十六条 生产经营单位有下列行为之一的，责令限期改正，可以处五万元以下的罚款；逾期未改正的，处五万元以上二十万元以下的罚款，对其直接负责的主管人员和其他直接责任人员处一万元以上二万元以下的罚款；情节严重的，责令停产停业整顿；构成犯罪的，依照刑法有关规定追究刑事责任：

（一）未在有较大危险因素的生产经营场所和有关设施、设备上设置明显的安全警示标志的；

（二）安全设备的安装、使用、检测、改造和报废不符合国家标准或者行业标准的；

（三）未对安全设备进行经常性维护、保养和定期检测的；

（四）未为从业人员提供符合国家标准或者行业标准的劳动防护用品的；

（五）危险物品的容器、运输工具，以及涉及人身安全、危险性较大的海洋石油开采特种设备和矿山井下特种设备未经具有专业资质的机构检测、检验合格，取得安全使用证或者安全标志，投入使用的；

（六）使用应当淘汰的危及生产安全的工艺、设备的。

第九十七条 未经依法批准，擅自生产、经营、运输、储存、使用危险物品或者处置废弃危险物品的，依照有关危险物品安全管理的法律、行政法规的规定予以处罚；构成犯罪的，依照刑法有关规定追究刑事责任。

第九十八条 生产经营单位有下列行为之一的，责令限期改正，可以处十万元以下的罚款；逾期未改正的，责令停产停业整顿，并处十万元以上二十万元以下的罚款，对其直接负责的主管人员和其他直接责任人员处二万元以上五万元以下的罚款；构成犯罪的，依照刑法有关规定追究刑事责任：

（一）生产、经营、运输、储存、使用危险物品或者处置废弃危险物品，未建立专门安全管理制度、未采取可靠的安全措施的；

（二）对重大危险源未登记建档，或者未进行评估、监控，或者未制定应急预案的；

（三）进行爆破、吊装以及国务院安全生产监督管理部门会同国务院有关部门规定的其他危险作业，未安排专门人员进行现场安全管理的；

（四）未建立事故隐患排查治理制度的。

第九十九条　生产经营单位未采取措施消除事故隐患的，责令立即消除或者限期消除；生产经营单位拒不执行的，责令停产停业整顿，并处十万元以上五十万元以下的罚款，对其直接负责的主管人员和其他直接责任人员处二万元以上五万元以下的罚款。

第一百条　生产经营单位将生产经营项目、场所、设备发包或者出租给不具备安全生产条件或者相应资质的单位或者个人的，责令限期改正，没收违法所得；违法所得十万元以上的，并处违法所得二倍以上五倍以下的罚款；没有违法所得或者违法所得不足十万元的，单处或者并处十万元以上二十万元以下的罚款；对其直接负责的主管人员和其他直接责任人员处一万元以上二万元以下的罚款；导致发生生产安全事故给他人造成损害的，与承包方、承租方承担连带赔偿责任。

生产经营单位未与承包单位、承租单位签订专门的安全生产管理协议或者未在承包合同、租赁合同中明确各自的安全生产管理职责，或者未对承包单位、承租单位的安全生产统一协调、管理的，责令限期改正，可以处五万元以下的罚款，对其直接负责的主管人员和其他直接责任人员可以处一万元以下的罚款；逾期未改正的，责令停产停业整顿。

第一百零一条　两个以上生产经营单位在同一作业区域内进行可能危及对方安全生产的生产经营活动，未签订安全生产管理协议或者未指定专职安全生产管理人员进行安全检查与协调的，责令限期改正，可以处五万元以下的罚款，对其直接负责的主管人员和其他直接责任人员可以处一万元以下的罚款；逾期未改正的，责令停产停业。

第一百零二条 生产经营单位有下列行为之一的，责令限期改正，可以处五万元以下的罚款，对其直接负责的主管人员和其他直接责任人员可以处一万元以下的罚款；逾期未改正的，责令停产停业整顿；构成犯罪的，依照刑法有关规定追究刑事责任：

（一）生产、经营、储存、使用危险物品的车间、商店、仓库与员工宿舍在同一座建筑内，或者与员工宿舍的距离不符合安全要求的；

（二）生产经营场所和员工宿舍未设有符合紧急疏散需要、标志明显、保持畅通的出口，或者锁闭、封堵生产经营场所或者员工宿舍出口的。

第一百零三条 生产经营单位与从业人员订立协议，免除或者减轻其对从业人员因生产安全事故伤亡依法应承担的责任的，该协议无效；对生产经营单位的主要负责人、个人经营的投资人处二万元以上十万元以下的罚款。

第一百零四条 生产经营单位的从业人员不服从管理，违反安全生产规章制度或者操作规程的，由生产经营单位给予批评教育，依照有关规章制度给予处分；构成犯罪的，依照刑法有关规定追究刑事责任。

第一百零五条 违反本法规定，生产经营单位拒绝、阻碍负有安全生产监督管理职责的部门依法实施监督检查的，责令改正；拒不改正的，处二万元以上二十万元以下的罚款；对其直接负责的主管人员和其他直接责任人员处一万元以上二万元以下的罚款；构成犯罪的，依照刑法有关规定追究刑事责任。

第一百零六条 生产经营单位的主要负责人在本单位发生生产安全事故时，不立即组织抢救或者在事故调查处理期间擅离职守或者逃匿的，给予降级、撤职的处分，并由安全生产监督管理部门处上一年年收入百分之六十至百分之一百的罚款；对逃匿的处十五日以下拘留；构成犯罪的，依照刑法有关规定追究刑事责任。

生产经营单位的主要负责人对生产安全事故隐瞒不报、谎报或者迟报的，依照前款规定处罚。

第一百零七条 有关地方人民政府、负有安全生产监督管理职责的部门，对生产安全事故隐瞒不报、谎报或者迟报的，对直接负责的主管人员和其他直接责任人员依法给予处分；构成犯罪的，依照刑法有关规定追究刑事责任。

第一百零八条 生产经营单位不具备本法和其他有关法律、行政法规和国家标准或者行业标准规定的安全生产条件，经停产停业整顿仍不具备安全生产条件的，予以关闭；有关部门应当依法吊销其有关证照。

第一百零九条 发生生产安全事故，对负有责任的生产经营单位除要求其依法承担相应的赔偿等责任外，由安全生产监督管理部门依照下列规定处以罚款：

（一）发生一般事故的，处二十万元以上五十万元以下的罚款；

（二）发生较大事故的，处五十万元以上一百万元以下的罚款；

（三）发生重大事故的，处一百万元以上五百万元以下的罚款；

（四）发生特别重大事故的，处五百万元以上一千万元以下的罚款；情节特别严重的，处一千万元以上二千万元以下的罚款。

第一百一十条 本法规定的行政处罚，由安全生产监督管理部门和其他负有安全生产监督管理职责的部门按照职责分工决定。予以关闭的行政处罚由负有安全生产监督管理职责的部门报请县级以上人民政府按照国务院规定的权限决定；给予拘留的行政处罚由公安机关依照治安管理处罚法的规定决定。

第一百一十一条　生产经营单位发生生产安全事故造成人员伤亡、他人财产损失的，应当依法承担赔偿责任；拒不承担或者其负责人逃匿的，由人民法院依法强制执行。

生产安全事故的责任人未依法承担赔偿责任，经人民法院依法采取执行措施后，仍不能对受害人给予足额赔偿的，应当继续履行赔偿义务；受害人发现责任人有其他财产的，可以随时请求人民法院执行。

第七章　附　则

第一百一十二条　本法下列用语的含义：

危险物品，是指易燃易爆物品、危险化学品、放射性物品等能够危及人身安全和财产安全的物品。

重大危险源，是指长期地或者临时地生产、搬运、使用或者储存危险物品，且危险物品的数量等于或者超过临界量的单元（包括场所和设施）。

第一百一十三条　本法规定的生产安全一般事故、较大事故、重大事故、特别重大事故的划分标准由国务院规定。

国务院安全生产监督管理部门和其他负有安全生产监督管理职责的部门应当根据各自的职责分工，制定相关行业、领域重大事故隐患的判定标准。

第一百一十四条　本法自 2002 年 11 月 1 日起施行。

中华人民共和国治安管理处罚法（节选）

【发布日期】2012.10.26
【实施日期】2006.03.01
【效力级别】法律
【发文字号】主席令第57号

第二十三条　有下列行为之一的，处警告或者二百元以下罚款；情节较重的，处五日以上十日以下拘留，可以并处五百元以下罚款：

（二）扰乱车站、港口、码头、机场、商场、公园、展览馆或者其他公共场所秩序的；

聚众实施前款行为的，对首要分子处十日以上十五日以下拘留，可以并处一千元以下罚款。

第二十五条　有下列行为之一的，处五日以上十日以下拘留，可以并处五百元以下罚款；情节较轻的，处五日以下拘留或者五百元以下罚款：

（一）散布谣言，谎报险情、疫情、警情或者以其他方法故意扰乱公共秩序的；

（二）投放虚假的爆炸性、毒害性、放射性、腐蚀性物质或者传染病病原体等危险物质扰乱公共秩序的；

（三）扬言实施放火、爆炸、投放危险物质扰乱公共秩序的。

第二十六条　有下列行为之一的，处五日以上十日以下拘留，可以并处五百元以下罚款；情节较重的，处十日以上十五日以下拘留，可以并处一千元以下罚款：

（一）结伙斗殴的；

（二）追逐、拦截他人的；

（三）强拿硬要或者任意损毁、占用公私财物的；

（四）其他寻衅滋事行为。

第二十八条 违反国家规定，故意干扰无线电业务正常进行的，或者对正常运行的无线电台（站）产生有害干扰，经有关主管部门指出后，拒不采取有效措施消除的，处五日以上十日以下拘留；情节严重的，处十日以上十五日以下拘留。

第三十条 违反国家规定，制造、买卖、储存、运输、邮寄、携带、使用、提供、处置爆炸性、毒害性、放射性、腐蚀性物质或者传染病病原体等危险物质的，处十日以上十五日以下拘留；情节较轻的，处五日以上十日以下拘留。

第三十二条 非法携带枪支、弹药或者弩、匕首等国家规定的管制器具的，处五日以下拘留，可以并处五百元以下罚款；情节较轻的，处警告或者二百元以下罚款。

非法携带枪支、弹药或者弩、匕首等国家规定的管制器具进入公共场所或者公共交通工具的，处五日以上十日以下拘留，可以并处五百元以下罚款。

第三十三条 有下列行为之一的，处十日以上十五日以下拘留：

（一）盗窃、损毁油气管道设施、电力电信设施、广播电视设施、水利防汛工程设施或者水文监测、测量、气象测报、环境监测、地质监测、地震监测等公共设施的；

第三十四条 盗窃、损坏、擅自移动使用中的航空设施，或者强行进入航空器驾驶舱的，处十日以上十五日以下拘留。

在使用中的航空器上使用可能影响导航系统正常功能的器具、工具，不听劝阻的，处五日以下拘留或者五百元以下罚款。

第三十七条 有下列行为之一的，处五日以下拘留或者五百元以下罚款；情节严重的，处五日以上十日以下拘留，可以并处五百元以下罚款：

（一）未经批准，安装、使用电网的，或者安装、使用电网不符合安全规定的；

（二）在车辆、行人通行的地方施工，对沟井坎穴不设覆盖物、防围和警示标志的，或者故意损毁、移动覆盖物、防围和警示标志的；

（三）盗窃、损毁路面井盖、照明等公共设施的。

第三十九条 旅馆、饭店、影剧院、娱乐场、运动场、展览馆或者其他供社会公众活动的场所的经营管理人员，违反安全规定，致使该场所有发生安全事故危险，经公安机关责令改正，拒不改正的，处五日以下拘留。

第四十三条 殴打他人的，或者故意伤害他人身体的，处五日以上十日以下拘留，并处二百元以上五百元以下罚款；情节较轻的，处五日以下拘留或者五百元以下罚款。

有下列情形之一的，处十日以上十五日以下拘留，并处五百元以上一千元以下罚款：

（一）结伙殴打、伤害他人的；

（二）殴打、伤害残疾人、孕妇、不满十四周岁的人或者六十周岁以上的人的；

（三）多次殴打、伤害他人或者一次殴打、伤害多人的。

第四十四条 猥亵他人的，或者在公共场所故意裸露身体，情节恶劣的，处五日以上十日以下拘留；猥亵智力残疾人、精神病人、不满十四周岁的人或者有其他严重情节的，处十日以上十五日以下拘留。

第四十九条 盗窃、诈骗、哄抢、抢夺、敲诈勒索或者故意损毁公私财物的，处五日以上十日以下拘留，可以并处五百元以下罚款；情节较重的，处十日以上十五日以下拘留，可以并处一千元以下罚款。

中华人民共和国侵权责任法（节选）

【发布日期】2009.12.26
【实施日期】2010.07.01
【效力级别】法律
【发文字号】主席令第21号

第三十七条　宾馆、商场、银行、车站、娱乐场所等公共场所的管理人或者群众性活动的组织者，未尽到安全保障义务，造成他人损害的，应当承担侵权责任。

因第三人的行为造成他人损害的，由第三人承担侵权责任；管理人或者组织者未尽到安全保障义务的，承担相应的补充责任。

中华人民共和国消防法（节选）

【发布日期】2008.10.28
【实施日期】2009.05.01
【效力级别】法律
【发文字号】主席令第6号

第十五条 公众聚集场所在投入使用、营业前，建设单位或者使用单位应当向场所所在地的县级以上地方人民政府公安机关消防机构申请消防安全检查。

公安机关消防机构应当自受理申请之日起十个工作日内，根据消防技术标准和管理规定，对该场所进行消防安全检查。未经消防安全检查或者经检查不符合消防安全要求的，不得投入使用、营业。

第十六条 机关、团体、企业、事业等单位应当履行下列消防安全职责：

（一）落实消防安全责任制，制定本单位的消防安全制度、消防安全操作规程，制定灭火和应急疏散预案；

（二）按照国家标准、行业标准配置消防设施、器材，设置消防安全标志，并定期组织检验、维修，确保完好有效；

（三）对建筑消防设施每年至少进行一次全面检测，确保完好有效，检测记录应当完整准确，存档备查；

（四）保障疏散通道、安全出口、消防车通道畅通，保证防火防烟分区、防火间距符合消防技术标准；

（五）组织防火检查，及时消除火灾隐患；

（六）组织进行有针对性的消防演练；

（七）法律、法规规定的其他消防安全职责。

单位的主要负责人是本单位的消防安全责任人。

第十六条　县级以上地方人民政府公安机关消防机构应当将发生火灾可能性较大以及发生火灾可能造成重大的人身伤亡或者财产损失的单位，确定为本行政区域内的消防安全重点单位，并由公安机关报本级人民政府备案。

消防安全重点单位除应当履行本法第十六条规定的职责外，还应当履行下列消防安全职责：

（一）确定消防安全管理人，组织实施本单位的消防安全管理工作；

（二）建立消防档案，确定消防安全重点部位，设置防火标志，实行严格管理；

（三）实行每日防火巡查，并建立巡查记录；

（四）对职工进行岗前消防安全培训，定期组织消防安全培训和消防演练。

第三十三条　国家鼓励、引导公众聚集场所和生产、储存、运输、销售易燃易爆危险品的企业投保火灾公众责任保险；鼓励保险公司承保火灾公众责任保险。

第三十九条　下列单位应当建立单位专职消防队，承担本单位的火灾扑救工作：

（一）大型核设施单位、大型发电厂、民用机场、主要港口；

第四十条　专职消防队的建立，应当符合国家有关规定，并报当地公安机关消防机构验收。

专职消防队的队员依法享受社会保险和福利待遇。

第四十九条　公安消防队、专职消防队扑救火灾、应急救援，不得收取任何费用。

单位专职消防队、志愿消防队参加扑救外单位火灾所损耗的燃料、灭火剂和器材、装备等，由火灾发生地的人民政府给予补偿。

第五十八条 违反本法规定，有下列行为之一的，责令停止施工、停止使用或者停产停业，并处三万元以上三十万元以下罚款：

（五）公众聚集场所未经消防安全检查或者经检查不符合消防安全要求，擅自投入使用、营业的。

第六十条 单位违反本法规定，有下列行为之一的，责令改正，处五千元以上五万元以下罚款：

（一）消防设施、器材或者消防安全标志的配置、设置不符合国家标准、行业标准，或者未保持完好有效的；

（二）损坏、挪用或者擅自拆除、停用消防设施、器材的；

（三）占用、堵塞、封闭疏散通道、安全出口或者有其他妨碍安全疏散行为的；

（四）埋压、圈占、遮挡消火栓或者占用防火间距的；

（五）占用、堵塞、封闭消防车通道，妨碍消防车通行的；

（六）人员密集场所在门窗上设置影响逃生和灭火救援的障碍物的；

（七）对火灾隐患经公安机关消防机构通知后不及时采取措施消除的。

个人有前款第二项、第三项、第四项、第五项行为之一的，处警告或者五百元以下罚款。

有本条第一款第三项、第四项、第五项、第六项行为，经责令改正拒不改正的，强制执行，所需费用由违法行为人承担。

第六十二条 有下列行为之一的，依照《中华人民共和国治安管理处罚法》的规定处罚：

（一）违反有关消防技术标准和管理规定生产、储存、运输、销售、使用、销毁易燃易爆危险品的；

（二）非法携带易燃易爆危险品进入公共场所或者乘坐公共交通工具的；

（三）谎报火警的；

（四）阻碍消防车、消防艇执行任务的；

（五）阻碍公安机关消防机构的工作人员依法执行职务的。

第六十七条　机关、团体、企业、事业等单位违反本法第十六条、第十七条、第十八条、第二十一条第二款规定的，责令限期改正；逾期不改正的，对其直接负责的主管人员和其他直接责任人员依法给予处分或者给予警告处罚。

第七十三条　本法下列用语的含义：

（三）公众聚集场所，是指宾馆、饭店、商场、集贸市场、客运车站候车室、客运码头候船厅、民用机场航站楼、体育场馆、会堂以及公共娱乐场所等。

中华人民共和国民用航空安全保卫条例（节选）

【发布日期】2011.01.08
【实施日期】1996.07.06
【效力级别】行政法规
【发文字号】国务院令第 588 号

第一章　总　则

第五条　旅客、货物托运人和收货人以及其他进入机场的人员，应当遵守民用航空安全管理的法律、法规和规章。

第六条　民用机场经营人和民用航空器经营人应当履行下列职责：

（一）制定本单位民用航空安全保卫方案，并报国务院民用航空主管部门备案；

（二）严格实行有关民用航空安全保卫的措施；

（三）定期进行民用航空安全保卫训练，及时消除危及民用航空安全的隐患。

与中华人民共和国通航的外国民用航空企业，应当向国务院民用航空主管部门报送民用航空安全保卫方案。

第二章　民用机场的安全保卫

第九条　民用机场（包括军民合用机场中的民用部分，下同）的新建、改建或者扩建，应当符合国务院民用航空主管部门关于民用机场安全保卫设施建设的规定。

第十条　民用机场开放使用，应当具备下列安全保卫条件：

（一）设有机场控制区并配备专职警卫人员；

（二）设有符合标准的防护围栏和巡逻通道；

（三）设有安全保卫机构并配备相应的人员和装备；

（四）设有安全检查机构并配备与机场运输量相适应的人员和检查设备；

（五）设有专职消防组织并按照机场消防等级配备人员和设备；

（六）订有应急处置方案并配备必要的应急援救设备。

第十一条　机场控制区应当根据安全保卫的需要，划定为候机隔离区、行李分检装卸区、航空器活动区和维修区、货物存放区等，并分别设置安全防护设施和明显标志。

第十二条　机场控制区应当有严密的安全保卫措施，实行封闭式分区管理。具体管理办法由国务院民用航空主管部门制定。

第十三条　人员与车辆进入机场控制区，必须佩带机场控制区通行证并接受警卫人员的检查。

机场控制区通行证，由民航公安机关按照国务院民用航空主管部门的有关规定制发和管理。

第十四条　在航空器活动区和维修区内的人员、车辆必须按照规定路线行进，车辆、设备必须在指定位置停放，一切人员、车辆必须避让航空器。

第十五条　停放在机场的民用航空器必须有专人警卫；各有关部门及其工作人员必须严格执行航空器警卫交接制度。

第十六条　机场内禁止下列行为：

（一）攀（钻）越、损毁机场防护围栏及其他安全防护设施；

（二）在机场控制区内狩猎、放牧、晾晒谷物、教练驾驶车辆；

（三）无机场控制区通行证进入机场控制区；

（四）随意穿越航空器跑道、滑行道；

（五）强行登、占航空器；

（六）谎报险情，制造混乱；

（七）扰乱机场秩序的其他行为。

第四章　安全检查

第二十六条　乘坐民用航空器的旅客和其他人员及其携带的行李物品，必须接受安全检查；但是，国务院规定免检的除外。

拒绝接受安全检查的，不准登机，损失自行承担。

第二十七条　安全检查人员应当查验旅客客票、身份证件和登机牌，使用仪器或者手工对旅客及其行李物品进行安全检查，必要时可以从严检查。

已经安全检查的旅客应当在候机隔离区等待登机。

第二十八条　进入候机隔离区的工作人员（包括机组人员）及其携带的物品，应当接受安全检查。

接送旅客的人员和其他人员不得进入候机隔离区。

第二十九条　外交邮袋免予安全检查。外交信使及其随身携带的其他物品应当接受安全检查；但是，中华人民共和国缔结或者参加的国际条约另有规定的除外。

第三十条　空运的货物必须经过安全检查或者对其采取的其他安全措施。

货物托运人不得伪报品名托运或者在货物中夹带危险物品。

第三十一条　航空邮件必须经过安全检查。发现可疑邮件时，安全检查部门应当会同邮政部门开包查验处理。

第三十二条　除国务院另有规定的外，乘坐民用航空器的，禁止随身携带或者交运下列物品：

（一）枪支、弹药、军械、警械；

（二）管制刀具；

（三）易燃、易爆、有毒、腐蚀性、放射性物品；

（四）国家规定的其他禁运物品。

第三十三条　除本条例第三十二条规定的物品外，其他可以用于危害航空安全的物品，旅客不得随身携带，但是可以作为行李交运或者按照国务院民用航空主管部门的有关规定由机组人员带到目的地后交还。

对含有易燃物质的生活用品实行限量携带。限量携带的物品及其数量，由国务院民用航空主管部门规定。

第五章　罚　则

第三十四条　违反本条例第十四条的规定或者有本条例第十六条、第二十四条第一项、第二十五条所列行为，构成违反治安管理行为的，由民航公安机关依照《中华人民共和国治安管理处罚法》有关规定予以处罚；有本条例第二十四条第二项所列行为的，由民航公安机关依照《中华人民共和国居民身份证法》有关规定予以处罚。

第三十五条　违反本条例的有关规定，由民航公安机关按照下列规定予以处罚：

（一）有本条例第二十四条第四项所列行为的，可以处以警告或者3000元以下的罚款；

（二）有本条例第二十四条第三项所列行为的，可以处以警告、没收非法所得或者5000元以下罚款；

（三）违反本条例第三十条第二款、第三十二条的规定，尚未构成犯罪的，可以处以5000元以下罚款、没收或者扣留非法携带的物品。

第三十六条　违反本条例的规定，有下列情形之一的，民用航空主管部门可以对有关单位处以警告、停业整顿或者5万元以下的罚款；民航公安机关可以对直接责任人员处以警告或者500元以下的罚款：

（一）违反本条例第十五条的规定，造成航空器失控的；

（二）违反本条例第十七条的规定，出售客票的；

（三）违反本条例第十八条的规定，承运人办理承运手续时，不核对乘机人和行李的；

（四）违反本条例第十九条的规定的；

（五）违反本条例第二十条、第二十一条、第三十条第一款、第三十一条的规定，对收运、装入航空器的物品不采取安全措施的。

第三十七条　违反本条例的有关规定，构成犯罪的，依法追究刑事责任。

第三十八条　违反本条例规定的，除依照本章的规定予以处罚外，给单位或者个人造成财产损失的，应当依法承担赔偿责任。

第六章　附　则

第三十九条　本条例下列用语的含义：

"机场控制区"，是指根据安全需要在机场内划定的进出受到限制的区域。

"候机隔离区"，是指根据安全需要在候机楼（室）内划定的供已经安全检查的出港旅客等待登机的区域及登机通道、摆渡车。

"航空器活动区"，是指机场内用于航空器起飞、着陆以及与此有关的地面活动区域，包括跑道、滑行道、联络道、客机坪。

民用机场管理条例（节选）

【发布日期】2009.04.13
【实施日期】2009.07.01
【效力级别】行政法规
【发文字号】国务院令第553号

第二十四条　民用航空管理部门、有关地方人民政府应当加强对运输机场安全运营工作的领导，督促机场管理机构依法履行安全管理职责，协调、解决运输机场安全运营中的问题。

第二十七条　机场管理机构应当依照国家有关法律、法规和技术标准的规定，保证运输机场持续符合安全运营要求。运输机场不符合安全运营要求的，机场管理机构应当按照国家有关规定及时改正。

第二十八条　机场管理机构对运输机场的安全运营实施统一协调管理，负责建立健全机场安全运营责任制，组织制定机场安全运营规章制度，保障机场安全投入的有效实施，督促检查安全运营工作，及时消除安全事故隐患，依法报告生产安全事故。

航空运输企业及其他驻场单位应当按照各自的职责，共同保障运输机场的安全运营并承担相应的责任；发生影响运输机场安全运营情况的，应当立即报告机场管理机构。

第二十九条　机场管理机构、航空运输企业以及其他驻场单位应当定期对从业人员进行必要的安全运营培训，保证从业人员具备相关的知识和技能。

第三十九条 机场管理机构应当向民用航空管理部门报送运输机场规划、建设和生产运营的有关资料，接受民用航空管理部门的监督检查。

第六十八条 违反本条例的规定，运输机场投入使用后不符合安全运营要求，机场管理机构拒不改正，或者经改正仍不符合安全运营要求的，由民用航空管理部门作出限制使用的决定；情节严重的，吊销运输机场使用许可证。

第六十九条 机场管理机构未依照本条例的规定履行管理职责，造成运输机场地面事故、民用航空器飞行事故或者严重事故征候的，民用航空管理部门应当责令改正，处20万元以上100万元以下的罚款。

第七十七条 违反本条例的规定，机场管理机构未向民用航空管理部门报送运输机场规划、建设和生产运营的有关资料的，由民用航空管理部门责令改正；拒不改正的，处1万元以上5万元以下的罚款。

北京市控制吸烟条例

【发布日期】2014.11.28
【实施日期】2015.06.01
【效力级别】省级地方性法规
【发文字号】2014 年 11 月 28 日北京市第十四届人民代
表大会常务委员会第十五次会议通过

第一条 为了减少吸烟造成的危害，维护公众健康权益，创造良好公共环境，提高城市文明水平，根据有关法律、行政法规，结合本市实际情况，制定本条例。

第二条 本条例适用于本市行政区域内控制吸烟工作。

对吸烟可能危害公共安全的，按照相关法律法规执行。

第三条 本市控制吸烟工作坚持政府与社会共同治理、管理与自律相互结合，实行政府管理、单位负责、个人守法、社会监督的原则。

第四条 市和区、县人民政府加强对控制吸烟工作的领导，将控制吸烟工作纳入国民经济和社会发展规划，保障控制吸烟工作的财政投入，推进控制吸烟工作体系建设。

第五条 本市各级爱国卫生运动委员会在本级人民政府领导下，负责组织、协调、指导相关行政部门的控制吸烟工作，组织社会组织和个人开展社会监督，开展控制吸烟工作的宣传教育培训，监测、评估单位的控制吸烟工作并定期向社会公布，对在控制吸烟工作中作出突出贡献的单位和个人给予表彰、奖励。

第六条 市和区、县卫生计生行政部门是控制吸烟工作的主管部门，负责组织制定控制吸烟的政策、措施，开展控制吸烟的卫生监督管理，受理违法吸烟的举报投诉，依法查处违法行为，并定期向社会公示查处情况。

教育、文化、体育、旅游、交通、工商、公安、园林绿化、食品药品监督、市政市容、城市管理综合执法、烟草专卖等相关行政部门按照各自职责，对本行业或者领域内的控制吸烟工作进行监督管理，制定管理制度，开展宣传培训，组织监督检查。

第七条 乡镇人民政府和街道办事处按照属地管理原则，做好本辖区内的控制吸烟工作。

第八条 本市将控制吸烟工作纳入全市群众性精神文明创建活动。

广播、电视、报纸、网络等新闻媒体应当开展控制吸烟的公益宣传，加强舆论监督。

第九条 公共场所、工作场所的室内区域以及公共交通工具内禁止吸烟。

第十条 下列公共场所、工作场所的室外区域禁止吸烟：

（一）幼儿园、中小学校、少年宫、儿童福利机构等以未成年人为主要活动人群的场所；

（二）对社会开放的文物保护单位；

（三）体育场、健身场的比赛区和坐席区；

（四）妇幼保健机构、儿童医院。

市人民政府可以根据举办大型活动的需要，临时划定禁止吸烟的室外区域。

第十一条 除本条例第十条规定以外的其他公共场所、工作场所的室外区域，可以划定吸烟区。

吸烟区的划定应当遵守下列规定：

（一）设置明显的指示标志和吸烟有害健康的警示标识；

（二）远离人员密集区域和行人必经的主要通道；

（三）符合消防安全要求。

第十二条　国家机关、企事业单位、社会团体和其他社会组织应当将控制吸烟工作纳入本单位日常管理，依法划定禁止吸烟区域，制止违法吸烟和不文明吸烟行为；其法定代表人或者主要负责人负责本单位的控制吸烟工作。

鼓励国家机关、企事业单位、社会团体和其他社会组织自行实施全面禁烟。

第十三条　禁止吸烟场所的经营者、管理者负有下列责任：

（一）建立禁止吸烟管理制度，做好宣传教育工作；

（二）在禁止吸烟场所设置明显的禁止吸烟标志和举报投诉电话号码标识；

（三）不得在禁止吸烟场所提供烟具和附有烟草广告的物品；

（四）开展禁止吸烟检查工作，制作并留存相关记录；

（五）对在禁止吸烟场所内的吸烟者予以劝阻，对不听劝阻的要求其离开；对不听劝阻且不离开的，向卫生计生行政部门投诉举报。

禁止吸烟场所的经营者、管理者可以利用烟雾报警、浓度监测、视频图像采集等技术手段监控吸烟行为，加强对禁止吸烟场所的管理。

第十四条　个人应当遵守法律法规的规定，不得在禁止吸烟场所和排队等候队伍中吸烟；在非禁止吸烟场所吸烟的，应当合理避让不吸烟者，不乱弹烟灰，不乱扔烟头。

第十五条　个人在禁止吸烟场所内发现吸烟行为的，可以行使下列权利：

（一）劝阻吸烟者停止吸烟；

（二）要求该场所的经营者、管理者劝阻吸烟者停止吸烟；

（三）向卫生计生行政部门投诉举报。

第十六条　市卫生计生行政部门应当公布吸烟违法行为投诉

举报电话；对投诉举报的违法行为，市或者区、县卫生计生行政部门应当及时处理，建立投诉举报及处理情况登记。

第十七条　本市提倡减少和戒除吸烟行为。市和区、县卫生计生行政部门应当组织开展对吸烟行为的干预工作，设立咨询热线，开展控制吸烟咨询服务，指导医疗卫生机构开展戒烟服务。

第十八条　全社会都应当支持控制吸烟工作。

鼓励、支持志愿者组织、其他社会组织和个人开展控制吸烟宣传教育、劝阻违法吸烟行为、监督场所的经营者和管理者开展控制吸烟工作、提供戒烟服务等活动。

第十九条　学校应当采取措施预防学生吸烟，对学生开展吸烟有害健康的宣传教育，帮助吸烟的学生戒烟。

教师不得在中小学生面前吸烟。

第二十条　烟草制品销售者应当在销售场所的显著位置设置吸烟有害健康和不向未成年人出售烟草制品的明显标识。

禁止烟草制品销售者从事下列行为：

（一）向未成年人出售烟草制品；

（二）在幼儿园、中小学校、少年宫及其周边 100 米内销售烟草制品；

（三）通过自动售货机或者移动通信、互联网等信息网络非法销售烟草制品。

第二十一条　禁止从事下列行为：

（一）利用广播、电影、电视、报纸、期刊、图书、音像制品、电子出版物、移动通信、互联网等大众传播媒介发布或者变相发布烟草广告；

（二）在公共场所和公共交通工具设置烟草广告；

（三）设置户外烟草广告；

（四）各种形式的烟草促销、冠名赞助活动。

第二十二条　市和区、县卫生计生行政部门依法开展控制吸烟卫生监督管理工作，有权进入相关场所并向有关单位和个人进行调查核实，有权查看相关场所的监控、监测、公共安全图像信息等证据材料。有关单位和个人应当协助配合并如实反映情况。

第二十三条　场所的经营者、管理者违反本条例第十一条第二款规定的，按照下列规定处罚：

（一）违反本条例第十一条第二款第一项、第二项规定的，由市或者区、县卫生计生行政部门责令限期改正。

（二）违反本条例第十一条第二款第三项规定的，由公安机关消防机构依法查处。

第二十四条　场所的经营者、管理者违反本条例第十三条第一款规定的，按照下列规定处罚：

（一）违反本条例第十三条第一款第一项至第四项规定的，由市或者区、县卫生计生行政部门责令限期改正；拒不改正的，处2000元以上5000元以下罚款。

（二）违反本条例第十三条第一款第五项规定的，由市或者区、县卫生计生行政部门处5000元以上1万元以下罚款。

第二十五条　个人违反本条例第十四条规定，在禁止吸烟场所或者排队等候队伍中吸烟的，由市或者区、县卫生计生行政部门责令改正，可以处50元罚款；拒不改正的，处200元罚款。

个人违反本条例第十四条规定，乱扔烟头的，由城市管理综合执法部门按照市容环境管理的相关法规予以处罚。

第二十六条　烟草制品销售者违反本条例第二十条第一款规定的，由烟草专卖部门责令改正；拒不改正的，处5000元以上1万元以下罚款。

烟草制品销售者违反本条例第二十条第二款第一项规定的，由烟草专卖部门处1万元以上3万元以下罚款。

烟草制品销售者违反本条例第二十条第二款第二项规定的，由工商行政管理部门依照烟草专卖的相关法律法规予以处罚。

烟草制品销售者违反本条例第二十条第二款第三项规定，通过自动售货机销售烟草制品的，由工商行政管理部门责令改正，并处 2 万元以上 5 万元以下罚款；通过信息网络非法销售烟草制品的，由工商行政管理部门责令改正，并处 5 万元以上 20 万元以下罚款。

第二十七条 违反本条例第二十一条第一项至第三项规定的，由工商行政管理部门依照广告管理的相关法律法规予以处罚。

违反本条例第二十一条第四项规定的，由工商行政管理部门责令停止违法行为，并处 5 万元以上 10 万元以下罚款。

第二十八条 在禁止吸烟场所吸烟不听劝阻，构成扰乱社会秩序或者阻碍有关部门依法执行职务等违反治安管理行为的，由公安部门依法予以处罚；构成犯罪的，依法追究刑事责任。

第二十九条 政府有关部门及其工作人员不依法履行控制吸烟职责，或者滥用职权、谋取私利的，由其上级机关或者监察机关依法追究直接负责的主管人员和其他直接责任人员的行政责任；构成犯罪的，依法追究刑事责任。

第三十条 本条例自 2015 年 6 月 1 日起施行。1995 年 12 月 21 日北京市第十届人民代表大会常务委员会第二十三次会议通过的《北京市公共场所禁止吸烟的规定》同时废止。

北京市民用运输机场管理办法（节选）

【发布日期】2014. 10. 22
【实施日期】2015. 01. 01
【效力级别】地方政府规章
【发文字号】北京市人民政府令第 262 号

第五条 机场管理机构负责机场的安全和运营管理，统一协调机场内航空运输企业和其他驻场单位共同保障机场安全运营。

第九条 机场管理机构统一协调管理机场的安全运营，与航空运输企业和其他驻场单位签订协议，明确各方安全责任。

航空运输企业和其他驻场单位应当遵守保障机场安全运营的法律、法规、规章和机场管理机构制定的机场安全管理制度，维护机场运营安全。

第十一条 机场控制区禁止下列行为：

（一）无机场控制区通行证进入机场控制区；

（二）强行闯入滑行道、客机坪，强行登、占航空器；

（三）攀（钻）越、损毁机场防护围栏和其他安全防护设施；

（四）其他威胁航空运输安全、扰乱机场秩序的行为。

机场管理机构应当向社会公示机场控制区的范围。

违反本条第一款规定的，由公安机关依法处理。

第二十一条 有关行政部门在机场公共区进行行政执法应当告知机场管理机构，机场管理机构应当予以配合并提供便利。有关行政部门应当采取有利于维护机场安全和有序运营的执法方式。

第二十二条 对在机场公共区发生的扰乱公共秩序、破坏机场环境的违法行为，有关行政部门可以委托机场管理机构实施行政处罚。

第二十三条 有关行政部门委托机场管理机构实施行政处罚，应当遵守下列规定：

（一）与机场管理机构书面签订实施行政处罚委托书，并将委托实施行政处罚的管辖范围、权限、期限等予以公告；

（二）对机场管理机构实施行政处罚行为的合法性、合理性进行监督；

（三）不得实施已委托机场管理机构实施的行政处罚事项；

（四）对机场管理机构实施的行政处罚承担法律责任。

第二十四条 机场管理机构接受有关行政部门委托实施行政处罚，应当遵守下列规定：

（一）配备熟悉有关法律、法规、规章和机场管理业务的执法人员；

（二）执法人员应当经过培训、考核合格并取得执法证件；

（三）严格依照委托内容和法定程序实施行政处罚；

（四）将实施行政处罚的情况向委托部门报告，并接受监督。

第二十五条 市人民政府有关行政部门、机场所在地的区县人民政府和机场管理机构对机场地区行政执法涉及的法律依据、主体资格、执法范围、执法权限和方式等问题无法准确界定或者存在分歧的，可以提请机场管理联席会议研究解决。

石家庄航空口岸管理办法

【发布日期】2011.10.20
【实施日期】1996.07.04
【效力级别】地方政府规章
【发文字号】河北省人民政府令〔2011〕第 10 号

第一条 为加强石家庄航空口岸管理，促进有关部门的协作和配合，为改革开放服务，根据国家有关规定，制定本办法。

第二条 省人民政府口岸办公室（以下简称省口岸办）主管石家庄航空口岸工作。

省口岸办派出的驻石家庄航空口岸办事处（以下简称口岸办事处）负责对石家庄航空口岸有关工作进行具体管理、监督和协调。

第三条 在石家庄航空口岸建立由省口岸办、边防、海关、检验检疫、民航等部门（以下统称口岸有关部门）负责人参加的联席会议制度，及时研究解决石家庄航空口岸管理工作中出现的问题。

联席会议一般由口岸办事处召集，口岸有关部门现场负责人参加；必要时由省口岸办召集，口岸有关部门负责人参加。

联席会议作出的决定，口岸有关部门必须执行。

第四条 边防、海关、检验检疫等部门（以下统称联检部门）负责对入出境人员及其行李物品、货物、飞机等分别进行查验和监督管理。

联检部门应组成联检组，由机场边防检查站负责人担任联检组组长，主要负责召集联检部门办理联检手续。

第五条 联检部门实施查验工作所需场地、用房、台位、通讯设施及水、电、暖供应等由民航部门无偿提供；所需仪器设备、交通工具和日常办公费用等由联检部门自行解决。

第六条 查验厅、隔离厅、国际停机坪、国际货运查验区（以下简称查验区）是联检部门进行查验和监管的场所，查验区内的设施由省口岸办统一管理和监控，任何单位、个人不得擅自移动和变更。

工作人员进入查验区，应按规定着装及佩戴统一制发的证件，并履行必要手续后到指定区域进行工作。

查验区工作人员的证件，应报口岸办事处和民航部门审核同意后，由机场公安部门负责制发并进行管理。

第七条 民航运输部门应在入境飞机抵达机场前 30 分钟或出境飞机起飞前 2 小时，将本航班航空公司代号、航班号、机型机号、飞行任务、始发站、经停站、目的站、抵达和起飞时间、机组和旅客人数、遣返人员情况、载量以及飞机飞行过程中发生或发现的异常情况通报口岸办事处和联检部门。

第八条 联检部门工作人员应在入境飞机抵达机场前 30 分钟、出境飞机起飞前 2 小时到达工作岗位；在每日末班出境飞机起飞 20 分钟后或末班入境飞机的旅客及行李物品、货物等办完有关手续后离开工作岗位。

第九条 联检部门工作人员对出境飞机进行清舱查验，必须做到货舱在飞机到位后即进行清舱查验，客舱在公布的航班飞机起飞前 30 分钟清仓查验完毕。经联检部门工作人员清舱查验合格，边防工作人员核准旅客人数后，由联检组组长通知民航运输值机人员安排旅客登机和行李物品、货物装机。

第十条 出境飞机经查验后，除本机旅客和机组人员外，其他人员不得登机。联检部门工作人员有特殊情况必须登机的，需经本部门负责人批准和机场边防检查站负责人同意。

第十一条　出境飞机起飞前 30 分钟，联检部门应停止办理出境手续，民航运输值机人员应及时将旅客名单送交口岸办事处、边防和海关。对迟到的旅客，由联检组组长商民航运输值机人员和其他联检部门工作人员同意后办理出境手续。

第十二条　入境飞机抵达机场后，联检部门应各派一至二人登机，在客舱门前收取机组人员递交的有关单证，经核查无误，方可允许旅客和机组人员下机。

行李物品、货物应在海关监管下起卸，货主及其代理人应按有关规定及时向海关申报，接受海关查验。需要其他联检部门查验或处理的物品，应同时向有关联检部门申报。

第十三条　飞机起飞后因故返航，联检部门和机场安检部门应对旅客及返航飞机进行监护，待问题解决，由边防和海关工作人员对旅客及飞机进行核查，确认无误后方可放行。

第十四条　旅客办完乘机查验手续进入隔离厅后，当日航班取消改为他日飞行的，应按规定重新办理乘机查验手续；行李物品办理了托运手续的，可由海关监管存放，也可提取自己携带。

第十五条　入境旅客接受查验前和出境旅客接受查验后严禁与迎送人员接触。

享受有关礼遇的人员，按国家有关规定办理入出境手续。其他确需提供礼遇的宾客，由接待单位在宾客抵达或离开口岸前 2 日，持省人民政府办公厅有关信函与口岸办事处联系，由口岸办事处商有关部门同意，到机场公安部门办理有关手续后统一组织实施。

第十六条　机场安检部门负责对飞机进行监护和客货舱口的管理以及从安检台至登机口的隔离警戒工作。

隔夜飞行的飞机由机场武警部队负责监护。

第十七条　民航运输部门负责装卸行李物品和货物，并做好记录。

民航运输部门应加快入境旅客托运行李的卸运速度，做到旅客下机后至取到第一件行李的时间不得超过20分钟。

第十八条 对入出境飞机上清除下来的垃圾，须经检验检疫工作人员查验并在其监督下由民航部门负责处理；废旧物品由海关依法处理。

第十九条 在查验区和飞机上无人认领的物品，经有关联检部门查验后交海关处理，民航运输部门负责登记、保管、查询和发还；自登记之日起超过90日无人认领的，按国家有关规定处理。

第二十条 国际（地区）航线、航班和包机的增减，经营单位应报省口岸办审查同意后，方可按程序办理有关报批手续。因故临时变更起降时间和增开加班包机，民航运输值机部门应分别提前1日和2日报口岸办事处及联检部门。

第二十一条 外地国际（地区）航班、包机因故在石家庄航空口岸停降时，民航运输部门应尽快将详细情况通报口岸办事处和联检部门，联检部门接通知后应迅速组织人员上岗。飞机停留期间，不上下旅客、不装卸行李物品，可免于查验，由边防、海关和机场安检部门对飞机实施监管；旅客需要下机，必须经联检部门查验准许后，方可下机进入隔离厅；旅客需要在本地住宿，联检部门应为旅客和机组人员办理入境手续。旅客托运的行李物品需要下机，应在海关监管下卸运存放；不需要下机，由机场武警部队负责监护。

民航部门负责将查验情况通报目的地口岸部门。

第二十二条 查验区的安全保卫工作由机场公安部门负责。

建筑设施的维修和公共场所的卫生保洁工作由民航部门负责。

联检部门的办公用房及工作台位的清洁工作由使用部门负责。

第二十三条 口岸有关部门应积极推进查验制度改革，加快与国际惯例接轨，提高口岸查验工作效率。

第二十四条　口岸有关部门应积极开展共建精神文明口岸活动，加强职业道德和涉外纪律教育，树立为旅客服务的思想，自觉维护口岸的形象和信誉。

第二十五条　对在石家庄航空口岸管理工作中做出显著成绩的单位和个人，由省人民政府或省口岸办根据国家有关规定给予表彰、奖励。

第二十六条　对违反本办法造成不良后果的人员，由省口岸办给予通报批评，责令其限期改正，情节严重的，由其所在单位或上级主管机关给予行政处分；构成犯罪的，由司法机关依法追究刑事责任。

第二十七条　本办法自公布之日起施行。

秦皇岛航空口岸管理暂行办法

【发布日期】2008.07.15
【实施日期】2008.07.15
【效力级别】地方规范性文件
【发文字号】秦政〔2008〕112号

秦皇岛航空口岸管理暂行办法

第一条 为规范和加强秦皇岛航空口岸管理，搞好有关部门的协作和配合，根据国家有关口岸管理的法律法规，制定本办法。

第二条 本暂行办法适用于从事秦皇岛航空口岸工作的单位。

第三条 市发改委（口岸办）根据国务院办公厅《地方口岸管理机构职责范围暂行规定》，负责对秦皇岛航空口岸进行综合协调、管理工作。市发改委（口岸办）派出的驻航空口岸工作人员负责对航空口岸有关工作进行具体管理、监督和协调。

第四条 航空口岸建立由口岸综合管理部门、边防、海关、检验检疫、机场公司、航油公司、航空配餐、航空公司和航空代办等部门（以下简称"口岸有关部门"）负责人参加的联席会议制度，及时研究解决航空口岸运行及管理工作中出现的问题。

联席会议由市发改委（口岸办）召集，口岸有关部门领导和现场负责人参加，必要时由市政府召集，口岸有关部门主要负责人和分管负责人参加。

联席会议做出的决定，口岸有关部门必须执行。

第五条　边防、海关、检验检疫、公安出入境管理等部门（以下简称"联检部门"）负责对出入境人员及其行李物品、货物、飞机等分别进行检验和监督管理。

联检部门应组成登机联检组，联检组组长依次由边防、海关、检验检疫轮流担任，每年轮换一次，首任组长由边防检查站担任。联检组组长主要负责召集联检部门办理登机联检手续和宣布旅客入、出境通关开始时间。

第六条　联检部门实施查验工作所需场地、用房、台位、有线通讯设施及水、电、暖供应等由机场公司无偿提供。

第七条　查验厅、隔离厅、国际停机坪、国际货运区（以下统称"监管区"）是联检部门进行查验和监管的场所。查验厅内的设施由各联检部门负责管理和监控，任何单位及个人不得擅自移动和变更。机场公安分局负责安全保卫工作。

工作人员进入监管区，应着装规范、整洁，佩带统一制发的证件，履行必要的手续后到指定区域进行工作。

临时进入监管区的工作人员，由机场公安分局负责制发有效证件，佩带证件方可进入。进入边防限制区域须经边防部门同意。

第八条　口岸限定区域由边防检查站负责管理。出境口岸限定区域范围为：出境国际候检厅大门到登机口；入境口岸限定区域范围为：入境下机口到入境候检厅大门。

第九条　机场公司调度室负责提前将当月飞行计划通报市发改委（口岸办）和联检部门，如飞行计划改变则临时通报。

当日执行航班任务时，机场公司调度室应于对方机场飞机起飞后，将飞机预计到达时刻以传真或电话形式通知市发改委（口岸办）和联检部门。

入境飞机在飞行中，如发现有发热、腹泻、呕吐的人员，或者有非因意外伤害而死亡并死因不明的人员，机长要及时向机场公司调度室报告，机场公司调度室应及时向检验检疫部门通报。

第十条　各联检部门要配齐同时办理出、入境通关查验工作人员，并在入境飞机抵达机场前 30 分钟到达工作岗位；在每日末班出境飞机起飞后或末班飞机入境的旅客及行李物品、货物等办完有关手续后离开工作岗位。

第十一条　入境飞机抵达机场后，联检部门应各派 1 至 2 人登机，收取机组人员递交的有关单证，经核查无误，旅客和机组人员方可下飞机。

第十二条　联检部门工作人员应本着快速、高效的原则对出境飞机进行清舱查验，必须做到飞机到位后即对货舱进行清舱查验，避免不必要的航班延误。经联检部门工作人员清舱查验合格，边防工作人员核准旅客人数后，由联检组组长通知机场公司值机人员安排旅客登机和行李物品、货物装机。

第十三条　出境飞机清舱查验后，除本机旅客和机组人员外，其他人员不得登机。联检部门工作人员除联检原因外，有特殊情况必须登机的，需经本部门负责人批准和边防检查站负责人同意。

第十四条　出境飞机起飞前 30 分钟，联检部门应停止办理出境手续，正式航班由机场公司值机人员、旅客包机由航空公司代办及时将旅客名单送交各联检部门。对因特殊情况迟到的旅客，在确保不影响航班正点起飞的前提下，由联检组组长商机场公司值机人员和其他联检部门工作人员同意后，办理出境手续。

第十五条　飞机起飞后因故返航，机场安全检查站应对旅客及返航飞机进行监护，待问题解决，由各联检部门工作人员对旅客及飞机进行核查，确认无误后方可放行。

第十六条　旅客办完乘机查验手续进入隔离厅后，当日航班取消改为他日飞行的，由联检部门按各自规定办理。

第十七条　入境旅客接受查验前和出境旅客接受查验后严禁与迎送人员接触。

第十八条　机场安全检查站负责对飞机进行监护和客、货舱口的管理以及从安检台至登机口的隔离警戒工作。

夜间停、驻场的飞机由机场公安分局负责监护。

第十九条　各联检部门对下列出入境中外籍人员给予礼遇待遇：国内副省（部）级以上干部参加的团组和副省（部）级以上干部；国（境）外相当于副省长（部）级以上政府或其他机构代表团组及个人；省委、省政府指示予以重点接待的团组及相关人员；市委、市政府指示予以重点接待的团组及相关人员，和其他按国家有关规定享受礼遇待遇的人员。

第二十条　机场公司客运部负责装卸行李物品和货物，并做好记录。

机场公司客运部应加快入境旅客托运行李的卸运速度，做到旅客下飞机通关后能够及时取到行李。

第二十一条　对入境飞机上的垃圾、废弃物等，必须经过检验检疫部门认可的消杀公司进行卫生处理后方准移下，由机场公司移运到指定地点进行无害化处理。废旧物品由海关依法处理。

第二十二条　在监管区和飞机上无人认领的物品，经有关联检部门查验后由海关监管，机场公司客运部负责登记、保管和发还。自登记之日起超过90日无人认领的，按国家有关规定处理。

第二十三条　国际（地区）航线、航班和包机的增减，经营单位须报经市发改委（口岸办）审查通过，待市发改委（口岸办）协调口岸有关部门同意后，方可按程序办理国家有关报批手续。

第二十四条　外地国际（地区）航班因故在秦皇岛航空口岸停降时，机场公司调度室应尽快将详细情况通报市发改委（口岸办）和联检部门，联检部门接通知后应迅速组织人员上岗。飞机停留期间不上下旅客，不装卸行李物品，可免于查验，由各联检部门和机场公安分局对飞机实施监管；旅客需要下飞机，必须经联检部门查验准许后，方可下飞机进入隔离厅；旅客需要在本地住宿，联检部门应为旅客和机组人员办理入境手续。旅客托运的行李物品如需要卸下飞机，应在海关、检验检疫等部门监管下卸运存放；如不需要卸下飞机，由海关清点、签封后，由机场安全检查站负责监护，夜间停、驻场飞机由机场公安分局负责监护。

第二十五条 监管区的安全保卫工作由机场公安分局负责。

建筑设施的维修和公共场所的卫生保洁工作由机场公司负责。

联检部门的办公用房及工作台位的清洁工作由使用部门负责。

第二十六条 经过检验检疫部门卫生许可的配餐公司要严格执行航空配餐卫生标准，确保配餐质量。

第二十七条 航油公司要做好国际航空用油的调进、存储工作，确保按时、保质、保量供给航空用油。

第二十八条 机场公司应指示出入境飞机停靠在国际厅附近，尽可能避免国内旅客与国际旅客交叉；遇有不可避免的同时停机现象，应及早通知联检部门采取相应措施，避免发生国际旅客漏检漏控问题。

第二十九条 口岸有关部门应积极开展共建文明口岸活动，加强职业道德和涉外纪律教育，树立为旅客服务、为我市经济发展服务思想，自觉维护秦皇岛航空口岸的形象和信誉。

第三十条 对在秦皇岛航空口岸运行服务及管理工作中做出显著成绩的单位和个人，由市政府根据国家有关规定给予表彰、奖励。

第三十一条 对违反本办法造成不良后果的人员，市发改委（口岸办）将给予通报批评，责令其限期改正；情节严重的，由其所在单位或上级主管机关给予行政处分；构成犯罪的，由司法机关依法追究刑事责任。

第三十二条 本暂行办法自 2008 年 7 月 15 日起实施。

二、机场的专用设备管理

民用机场管理条例（节选）

【发布日期】2009.04.13
【实施日期】2009.07.01
【效力级别】行政法规
【发文字号】国务院令第 553 号

第三十条　民用机场专用设备应当符合国家规定的标准和相关技术规范，并经国务院民用航空主管部门认定的机构检验合格后，方可用于民用机场。

民用航空管理部门应当加强对民用机场专用设备的监督检查。

民用机场专用设备目录由国务院民用航空主管部门制定并公布。

第七十条　违反本条例的规定，机场管理机构在运输机场内使用不符合国家规定标准和相关技术规范的民用机场专用设备的，由运输机场所在地地区民用航空管理机构责令停止使用，处 10 万元以上 50 万元以下的罚款。

三、机场的施工管理

民用机场管理条例（节选）

【发布日期】2009.04.13
【实施日期】2009.07.01
【效力级别】行政法规
【发文字号】国务院令第553号

第三十一条 在运输机场开放使用的情况下，不得在飞行区及与飞行区临近的航站区内进行施工。确需施工的，应当取得运输机场所在地地区民用航空管理机构的批准。

第六十三条 违反本条例的规定，有下列情形之一的，由民用航空管理部门责令改正，处10万元以上50万元以下的罚款：

（一）在运输机场内进行不符合运输机场总体规划的建设活动；

（二）擅自实施未经批准的运输机场专业工程的设计，或者将未经验收合格的运输机场专业工程投入使用；

（三）在运输机场开放使用的情况下，未经批准在飞行区及与飞行区临近的航站区内进行施工。

四、机场的突发事件的处置与联动

中华人民共和国突发事件应对法

【发布日期】2007.08.30
【实施日期】2007.11.01
【效力级别】法律
【发文字号】主席令第 69 号

第一章 总 则

第一条 为了预防和减少突发事件的发生，控制、减轻和消除突发事件引起的严重社会危害，规范突发事件应对活动，保护人民生命财产安全，维护国家安全、公共安全、环境安全和社会秩序，制定本法。

第二条 突发事件的预防与应急准备、监测与预警、应急处置与救援、事后恢复与重建等应对活动，适用本法。

第三条 本法所称突发事件，是指突然发生，造成或者可能造成严重社会危害，需要采取应急处置措施予以应对的自然灾害、事故灾难、公共卫生事件和社会安全事件。

按照社会危害程度、影响范围等因素，自然灾害、事故灾难、公共卫生事件分为特别重大、重大、较大和一般四级。法律、行政法规或者国务院另有规定的，从其规定。

突发事件的分级标准由国务院或者国务院确定的部门制定。

第四条　国家建立统一领导、综合协调、分类管理、分级负责、属地管理为主的应急管理体制。

第五条　突发事件应对工作实行预防为主、预防与应急相结合的原则。国家建立重大突发事件风险评估体系，对可能发生的突发事件进行综合性评估，减少重大突发事件的发生，最大限度地减轻重大突发事件的影响。

第六条　国家建立有效的社会动员机制，增强全民的公共安全和防范风险的意识，提高全社会的避险救助能力。

第七条　县级人民政府对本行政区域内突发事件的应对工作负责；涉及两个以上行政区域的，由有关行政区域共同的上一级人民政府负责，或者由各有关行政区域的上一级人民政府共同负责。

突发事件发生后，发生地县级人民政府应当立即采取措施控制事态发展，组织开展应急救援和处置工作，并立即向上一级人民政府报告，必要时可以越级上报。

突发事件发生地县级人民政府不能消除或者不能有效控制突发事件引起的严重社会危害的，应当及时向上级人民政府报告。上级人民政府应当及时采取措施，统一领导应急处置工作。

法律、行政法规规定由国务院有关部门对突发事件的应对工作负责的，从其规定；地方人民政府应当积极配合并提供必要的支持。

第八条　国务院在总理领导下研究、决定和部署特别重大突发事件的应对工作；根据实际需要，设立国家突发事件应急指挥机构，负责突发事件应对工作；必要时，国务院可以派出工作组指导有关工作。

县级以上地方各级人民政府设立由本级人民政府主要负责人、相关部门负责人、驻当地中国人民解放军和中国人民武装警察部队有关负责人组成的突发事件应急指挥机构，统一领导、协调本级人民政府各有关部门和下级人民政府开展突发事件应对工作；根据实际需要，设立相关类别突发事件应急指挥机构，组织、协调、指挥突发事件应对工作。

上级人民政府主管部门应当在各自职责范围内，指导、协助下级人民政府及其相应部门做好有关突发事件的应对工作。

第九条　国务院和县级以上地方各级人民政府是突发事件应对工作的行政领导机关，其办事机构及具体职责由国务院规定。

第十条　有关人民政府及其部门作出的应对突发事件的决定、命令，应当及时公布。

第十一条　有关人民政府及其部门采取的应对突发事件的措施，应当与突发事件可能造成的社会危害的性质、程度和范围相适应；有多种措施可供选择的，应当选择有利于最大程度地保护公民、法人和其他组织权益的措施。

公民、法人和其他组织有义务参与突发事件应对工作。

第十二条　有关人民政府及其部门为应对突发事件，可以征用单位和个人的财产。被征用的财产在使用完毕或者突发事件应急处置工作结束后，应当及时返还。财产被征用或者征用后毁损、灭失的，应当给予补偿。

第十三条　因采取突发事件应对措施，诉讼、行政复议、仲裁活动不能正常进行的，适用有关时效中止和程序中止的规定，但法律另有规定的除外。

第十四条　中国人民解放军、中国人民武装警察部队和民兵组织依照本法和其他有关法律、行政法规、军事法规的规定以及国务院、中央军事委员会的命令，参加突发事件的应急救援和处置工作。

第十五条　中华人民共和国政府在突发事件的预防、监测与预警、应急处置与救援、事后恢复与重建等方面，同外国政府和有关国际组织开展合作与交流。

第十六条　县级以上人民政府作出应对突发事件的决定、命令，应当报本级人民代表大会常务委员会备案；突发事件应急处置工作结束后，应当向本级人民代表大会常务委员会作出专项工作报告。

第二章　预防与应急准备

第十七条　国家建立健全突发事件应急预案体系。

国务院制定国家突发事件总体应急预案，组织制定国家突发事件专项应急预案；国务院有关部门根据各自的职责和国务院相关应急预案，制定国家突发事件部门应急预案。

地方各级人民政府和县级以上地方各级人民政府有关部门根据有关法律、法规、规章、上级人民政府及其有关部门的应急预案以及本地区的实际情况，制定相应的突发事件应急预案。

应急预案制定机关应当根据实际需要和情势变化，适时修订应急预案。应急预案的制定、修订程序由国务院规定。

第十八条　应急预案应当根据本法和其他有关法律、法规的规定，针对突发事件的性质、特点和可能造成的社会危害，具体规定突发事件应急管理工作的组织指挥体系与职责和突发事件的预防与预警机制、处置程序、应急保障措施以及事后恢复与重建措施等内容。

第十九条　城乡规划应当符合预防、处置突发事件的需要，统筹安排应对突发事件所必需的设备和基础设施建设，合理确定应急避难场所。

第二十条　县级人民政府应当对本行政区域内容易引发自然灾害、事故灾难和公共卫生事件的危险源、危险区域进行调查、登记、风险评估，定期进行检查、监控，并责令有关单位采取安全防范措施。

省级和设区的市级人民政府应当对本行政区域内容易引发特别重大、重大突发事件的危险源、危险区域进行调查、登记、风险评估，组织进行检查、监控，并责令有关单位采取安全防范措施。

县级以上地方各级人民政府按照本法规定登记的危险源、危险区域，应当按照国家规定及时向社会公布。

第二十一条　县级人民政府及其有关部门、乡级人民政府、街道办事处、居民委员会、村民委员会应当及时调解处理可能引发社会安全事件的矛盾纠纷。

第二十二条　所有单位应当建立健全安全管理制度，定期检查本单位各项安全防范措施的落实情况，及时消除事故隐患；掌握并及时处理本单位存在的可能引发社会安全事件的问题，防止矛盾激化和事态扩大；对本单位可能发生的突发事件和采取安全防范措施的情况，应当按照规定及时向所在地人民政府或者人民政府有关部门报告。

第二十三条　矿山、建筑施工单位和易燃易爆物品、危险化学品、放射性物品等危险物品的生产、经营、储运、使用单位，应当制定具体应急预案，并对生产经营场所、有危险物品的建筑物、构筑物及周边环境开展隐患排查，及时采取措施消除隐患，防止发生突发事件。

第二十四条　公共交通工具、公共场所和其他人员密集场所的经营单位或者管理单位应当制定具体应急预案，为交通工具和有关场所配备报警装置和必要的应急救援设备、设施，注明其使用方法，并显著标明安全撤离的通道、路线，保证安全通道、出口的畅通。

有关单位应当定期检测、维护其报警装置和应急救援设备、设施，使其处于良好状态，确保正常使用。

第二十五条　县级以上人民政府应当建立健全突发事件应急管理培训制度，对人民政府及其有关部门负有处置突发事件职责的工作人员定期进行培训。

第二十六条 县级以上人民政府应当整合应急资源，建立或者确定综合性应急救援队伍。人民政府有关部门可以根据实际需要设立专业应急救援队伍。

县级以上人民政府及其有关部门可以建立由成年志愿者组成的应急救援队伍。单位应当建立由本单位职工组成的专职或者兼职应急救援队伍。

县级以上人民政府应当加强专业应急救援队伍与非专业应急救援队伍的合作，联合培训、联合演练，提高合成应急、协同应急的能力。

第二十七条 国务院有关部门、县级以上地方各级人民政府及其有关部门、有关单位应当为专业应急救援人员购买人身意外伤害保险，配备必要的防护装备和器材，减少应急救援人员的人身风险。

第二十八条 中国人民解放军、中国人民武装警察部队和民兵组织应当有计划地组织开展应急救援的专门训练。

第二十九条 县级人民政府及其有关部门、乡级人民政府、街道办事处应当组织开展应急知识的宣传普及活动和必要的应急演练。

居民委员会、村民委员会、企业事业单位应当根据所在地人民政府的要求，结合各自的实际情况，开展有关突发事件应急知识的宣传普及活动和必要的应急演练。

新闻媒体应当无偿开展突发事件预防与应急、自救与互救知识的公益宣传。

第三十条 各级各类学校应当把应急知识教育纳入教学内容，对学生进行应急知识教育，培养学生的安全意识和自救与互救能力。

教育主管部门应当对学校开展应急知识教育进行指导和监督。

第三十一条 国务院和县级以上地方各级人民政府应当采取

财政措施，保障突发事件应对工作所需经费。

第三十二条 国家建立健全应急物资储备保障制度，完善重要应急物资的监管、生产、储备、调拨和紧急配送体系。

设区的市级以上人民政府和突发事件易发、多发地区的县级人民政府应当建立应急救援物资、生活必需品和应急处置装备的储备制度。

县级以上地方各级人民政府应当根据本地区的实际情况，与有关企业签订协议，保障应急救援物资、生活必需品和应急处置装备的生产、供给。

第三十三条 国家建立健全应急通信保障体系，完善公用通信网，建立有线与无线相结合、基础电信网络与机动通信系统相配套的应急通信系统，确保突发事件应对工作的通信畅通。

第三十四条 国家鼓励公民、法人和其他组织为人民政府应对突发事件工作提供物资、资金、技术支持和捐赠。

第三十五条 国家发展保险事业，建立国家财政支持的巨灾风险保险体系，并鼓励单位和公民参加保险。

第三十六条 国家鼓励、扶持具备相应条件的教学科研机构培养应急管理专门人才，鼓励、扶持教学科研机构和有关企业研究开发用于突发事件预防、监测、预警、应急处置与救援的新技术、新设备和新工具。

第三章 监测与预警

第三十七条 国务院建立全国统一的突发事件信息系统。

县级以上地方各级人民政府应当建立或者确定本地区统一的突发事件信息系统，汇集、储存、分析、传输有关突发事件的信息，并与上级人民政府及其有关部门、下级人民政府及其有关部门、专业机构和监测网点的突发事件信息系统实现互联互通，加强跨部门、跨地区的信息交流与情报合作。

第三十八条 县级以上人民政府及其有关部门、专业机构应当通过多种途径收集突发事件信息。

县级人民政府应当在居民委员会、村民委员会和有关单位建立专职或者兼职信息报告员制度。

获悉突发事件信息的公民、法人或者其他组织，应当立即向所在地人民政府、有关主管部门或者指定的专业机构报告。

第三十九条　地方各级人民政府应当按照国家有关规定向上级人民政府报送突发事件信息。县级以上人民政府有关主管部门应当向本级人民政府相关部门通报突发事件信息。专业机构、监测网点和信息报告员应当及时向所在地人民政府及其有关主管部门报告突发事件信息。

有关单位和人员报送、报告突发事件信息，应当做到及时、客观、真实，不得迟报、谎报、瞒报、漏报。

第四十条　县级以上地方各级人民政府应当及时汇总分析突发事件隐患和预警信息，必要时组织相关部门、专业技术人员、专家学者进行会商，对发生突发事件的可能性及其可能造成的影响进行评估；认为可能发生重大或者特别重大突发事件的，应当立即向上级人民政府报告，并向上级人民政府有关部门、当地驻军和可能受到危害的毗邻或者相关地区的人民政府通报。

第四十一条　国家建立健全突发事件监测制度。

县级以上人民政府及其有关部门应当根据自然灾害、事故灾难和公共卫生事件的种类和特点，建立健全基础信息数据库，完善监测网络，划分监测区域，确定监测点，明确监测项目，提供必要的设备、设施，配备专职或者兼职人员，对可能发生的突发事件进行监测。

第四十二条　国家建立健全突发事件预警制度。

可以预警的自然灾害、事故灾难和公共卫生事件的预警级别，按照突发事件发生的紧急程度、发展势态和可能造成的危害程度分为一级、二级、三级和四级，分别用红色、橙色、黄色和蓝色标示，一级为最高级别。

预警级别的划分标准由国务院或者国务院确定的部门制定。

第四十三条　可以预警的自然灾害、事故灾难或者公共卫生事件即将发生或者发生的可能性增大时，县级以上地方各级人民政府应当根据有关法律、行政法规和国务院规定的权限和程序，发布相应级别的警报，决定并宣布有关地区进入预警期，同时向上一级人民政府报告，必要时可以越级上报，并向当地驻军和可能受到危害的毗邻或者相关地区的人民政府通报。

第四十四条　发布三级、四级警报，宣布进入预警期后，县级以上地方各级人民政府应当根据即将发生的突发事件的特点和可能造成的危害，采取下列措施：

（一）启动应急预案；

（二）责令有关部门、专业机构、监测网点和负有特定职责的人员及时收集、报告有关信息，向社会公布反映突发事件信息的渠道，加强对突发事件发生、发展情况的监测、预报和预警工作；

（三）组织有关部门和机构、专业技术人员、有关专家学者，随时对突发事件信息进行分析评估，预测发生突发事件可能性的大小、影响范围和强度以及可能发生的突发事件的级别；

（四）定时向社会发布与公众有关的突发事件预测信息和分析评估结果，并对相关信息的报道工作进行管理；

（五）及时按照有关规定向社会发布可能受到突发事件危害的警告，宣传避免、减轻危害的常识，公布咨询电话。

第四十五条　发布一级、二级警报，宣布进入预警期后，县级以上地方各级人民政府除采取本法第四十四条规定的措施外，还应当针对即将发生的突发事件的特点和可能造成的危害，采取下列一项或者多项措施：

（一）责令应急救援队伍、负有特定职责的人员进入待命状态，并动员后备人员做好参加应急救援和处置工作的准备；

（二）调集应急救援所需物资、设备、工具，准备应急设施和避难场所，并确保其处于良好状态、随时可以投入正常使用；

（三）加强对重点单位、重要部位和重要基础设施的安全保卫，维护社会治安秩序；

（四）采取必要措施，确保交通、通信、供水、排水、供电、供气、供热等公共设施的安全和正常运行；

（五）及时向社会发布有关采取特定措施避免或者减轻危害的建议、劝告；

（六）转移、疏散或者撤离易受突发事件危害的人员并予以妥善安置，转移重要财产；

（七）关闭或者限制使用易受突发事件危害的场所，控制或者限制容易导致危害扩大的公共场所的活动；

（八）法律、法规、规章规定的其他必要的防范性、保护性措施。

第四十六条　对即将发生或者已经发生的社会安全事件，县级以上地方各级人民政府及其有关主管部门应当按照规定向上一级人民政府及其有关主管部门报告，必要时可以越级上报。

第四十七条　发布突发事件警报的人民政府应当根据事态的发展，按照有关规定适时调整预警级别并重新发布。

有事实证明不可能发生突发事件或者危险已经解除的，发布警报的人民政府应当立即宣布解除警报，终止预警期，并解除已经采取的有关措施。

第四章　应急处置与救援

第四十八条　突发事件发生后，履行统一领导职责或者组织处置突发事件的人民政府应当针对其性质、特点和危害程度，立即组织有关部门，调动应急救援队伍和社会力量，依照本章的规定和有关法律、法规、规章的规定采取应急处置措施。

第四十九条　自然灾害、事故灾难或者公共卫生事件发生后，履行统一领导职责的人民政府可以采取下列一项或者多项应急处置措施：

（一）组织营救和救治受害人员，疏散、撤离并妥善安置受到威胁的人员以及采取其他救助措施；

（二）迅速控制危险源，标明危险区域，封锁危险场所，划定警戒区，实行交通管制以及其他控制措施；

（三）立即抢修被损坏的交通、通信、供水、排水、供电、供气、供热等公共设施，向受到危害的人员提供避难场所和生活必需品，实施医疗救护和卫生防疫以及其他保障措施；

（四）禁止或者限制使用有关设备、设施，关闭或者限制使用有关场所，中止人员密集的活动或者可能导致危害扩大的生产经营活动以及采取其他保护措施；

（五）启用本级人民政府设置的财政预备费和储备的应急救援物资，必要时调用其他急需物资、设备、设施、工具；

（六）组织公民参加应急救援和处置工作，要求具有特定专长的人员提供服务；

（七）保障食品、饮用水、燃料等基本生活必需品的供应；

（八）依法从严惩处囤积居奇、哄抬物价、制假售假等扰乱市场秩序的行为，稳定市场价格，维护市场秩序；

（九）依法从严惩处哄抢财物、干扰破坏应急处置工作等扰乱社会秩序的行为，维护社会治安；

（十）采取防止发生次生、衍生事件的必要措施。

第五十条 社会安全事件发生后，组织处置工作的人民政府应当立即组织有关部门并由公安机关针对事件的性质和特点，依照有关法律、行政法规和国家其他有关规定，采取下列一项或者多项应急处置措施：

（一）强制隔离使用器械相互对抗或者以暴力行为参与冲突的当事人，妥善解决现场纠纷和争端，控制事态发展；

（二）对特定区域内的建筑物、交通工具、设备、设施以及燃料、燃气、电力、水的供应进行控制；

（三）封锁有关场所、道路，查验现场人员的身份证件，限制有关公共场所内的活动；

（四）加强对易受冲击的核心机关和单位的警卫，在国家机关、军事机关、国家通讯社、广播电台、电视台、外国驻华使领馆等单位附近设置临时警戒线；

（五）法律、行政法规和国务院规定的其他必要措施。

严重危害社会治安秩序的事件发生时，公安机关应当立即依法出动警力，根据现场情况依法采取相应的强制性措施，尽快使社会秩序恢复正常。

第五十一条 发生突发事件，严重影响国民经济正常运行时，国务院或者国务院授权的有关主管部门可以采取保障、控制等必要的应急措施，保障人民群众的基本生活需要，最大限度地减轻突发事件的影响。

第五十二条 履行统一领导职责或者组织处置突发事件的人民政府，必要时可以向单位和个人征用应急救援所需设备、设施、场地、交通工具和其他物资，请求其他地方人民政府提供人力、物力、财力或者技术支援，要求生产、供应生活必需品和应急救援物资的企业组织生产、保证供给，要求提供医疗、交通等公共服务的组织提供相应的服务。

履行统一领导职责或者组织处置突发事件的人民政府，应当组织协调运输经营单位，优先运送处置突发事件所需物资、设备、工具、应急救援人员和受到突发事件危害的人员。

第五十三条 履行统一领导职责或者组织处置突发事件的人民政府，应当按照有关规定统一、准确、及时发布有关突发事件事态发展和应急处置工作的信息。

第五十四条 任何单位和个人不得编造、传播有关突发事件事态发展或者应急处置工作的虚假信息。

第五十五条 突发事件发生地的居民委员会、村民委员会和其他组织应当按照当地人民政府的决定、命令，进行宣传动员，组织群众开展自救和互救，协助维护社会秩序。

第五十六条　受到自然灾害危害或者发生事故灾难、公共卫生事件的单位，应当立即组织本单位应急救援队伍和工作人员营救受害人员，疏散、撤离、安置受到威胁的人员，控制危险源，标明危险区域，封锁危险场所，并采取其他防止危害扩大的必要措施，同时向所在地县级人民政府报告；对因本单位的问题引发的或者主体是本单位人员的社会安全事件，有关单位应当按照规定上报情况，并迅速派出负责人赶赴现场开展劝解、疏导工作。

突发事件发生地的其他单位应当服从人民政府发布的决定、命令，配合人民政府采取的应急处置措施，做好本单位的应急救援工作，并积极组织人员参加所在地的应急救援和处置工作。

第五十七条　突发事件发生地的公民应当服从人民政府、居民委员会、村民委员会或者所属单位的指挥和安排，配合人民政府采取的应急处置措施，积极参加应急救援工作，协助维护社会秩序。

第五章　事后恢复与重建

第五十八条　突发事件的威胁和危害得到控制或者消除后，履行统一领导职责或者组织处置突发事件的人民政府应当停止执行依照本法规定采取的应急处置措施，同时采取或者继续实施必要措施，防止发生自然灾害、事故灾难、公共卫生事件的次生、衍生事件或者重新引发社会安全事件。

第五十九条　突发事件应急处置工作结束后，履行统一领导职责的人民政府应当立即组织对突发事件造成的损失进行评估，组织受影响地区尽快恢复生产、生活、工作和社会秩序，制定恢复重建计划，并向上一级人民政府报告。

受突发事件影响地区的人民政府应当及时组织和协调公安、交通、铁路、民航、邮电、建设等有关部门恢复社会治安秩序，尽快修复被损坏的交通、通信、供水、排水、供电、供气、供热等公共设施。

第六十条 受突发事件影响地区的人民政府开展恢复重建工作需要上一级人民政府支持的，可以向上一级人民政府提出请求。上一级人民政府应当根据受影响地区遭受的损失和实际情况，提供资金、物资支持和技术指导，组织其他地区提供资金、物资和人力支援。

第六十一条 国务院根据受突发事件影响地区遭受损失的情况，制定扶持该地区有关行业发展的优惠政策。

受突发事件影响地区的人民政府应当根据本地区遭受损失的情况，制定救助、补偿、抚慰、抚恤、安置等善后工作计划并组织实施，妥善解决因处置突发事件引发的矛盾和纠纷。

公民参加应急救援工作或者协助维护社会秩序期间，其在本单位的工资待遇和福利不变；表现突出、成绩显著的，由县级以上人民政府给予表彰或者奖励。

县级以上人民政府对在应急救援工作中伤亡的人员依法给予抚恤。

第六十二条 履行统一领导职责的人民政府应当及时查明突发事件的发生经过和原因，总结突发事件应急处置工作的经验教训，制定改进措施，并向上一级人民政府提出报告。

第六章 法律责任

第六十三条 地方各级人民政府和县级以上各级人民政府有关部门违反本法规定，不履行法定职责的，由其上级行政机关或者监察机关责令改正；有下列情形之一的，根据情节对直接负责的主管人员和其他直接责任人员依法给予处分：

（一）未按规定采取预防措施，导致发生突发事件，或者未采取必要的防范措施，导致发生次生、衍生事件的；

（二）迟报、谎报、瞒报、漏报有关突发事件的信息，或者通报、报送、公布虚假信息，造成后果的；

（三）未按规定及时发布突发事件警报、采取预警期的措施，导致损害发生的；

（四）未按规定及时采取措施处置突发事件或者处置不当，造成后果的；

（五）不服从上级人民政府对突发事件应急处置工作的统一领导、指挥和协调的；

（六）未及时组织开展生产自救、恢复重建等善后工作的；

（七）截留、挪用、私分或者变相私分应急救援资金、物资的；

（八）不及时归还征用的单位和个人的财产，或者对被征用财产的单位和个人不按规定给予补偿的。

第六十四条　有关单位有下列情形之一的，由所在地履行统一领导职责的人民政府责令停产停业，暂扣或者吊销许可证或者营业执照，并处五万元以上二十万元以下的罚款；构成违反治安管理行为的，由公安机关依法给予处罚：

（一）未按规定采取预防措施，导致发生严重突发事件的；

（二）未及时消除已发现的可能引发突发事件的隐患，导致发生严重突发事件的；

（三）未做好应急设备、设施日常维护、检测工作，导致发生严重突发事件或者突发事件危害扩大的；

（四）突发事件发生后，不及时组织开展应急救援工作，造成严重后果的。

前款规定的行为，其他法律、行政法规规定由人民政府有关部门依法决定处罚的，从其规定。

第六十五条　违反本法规定，编造并传播有关突发事件事态发展或者应急处置工作的虚假信息，或者明知是有关突发事件事态发展或者应急处置工作的虚假信息而进行传播的，责令改正，给予警告；造成严重后果的，依法暂停其业务活动或者吊销其执业许可证；负有直接责任的人员是国家工作人员的，还应当对其依法给予处分；构成违反治安管理行为的，由公安机关依法给予处罚。

第六十六条　单位或者个人违反本法规定，不服从所在地人民政府及其有关部门发布的决定、命令或者不配合其依法采取的措施，构成违反治安管理行为的，由公安机关依法给予处罚。

第六十七条　单位或者个人违反本法规定，导致突发事件发生或者危害扩大，给他人人身、财产造成损害的，应当依法承担民事责任。

第六十八条　违反本法规定，构成犯罪的，依法追究刑事责任。

第七章　附　则

第六十九条　发生特别重大突发事件，对人民生命财产安全、国家安全、公共安全、环境安全或者社会秩序构成重大威胁，采取本法和其他有关法律、法规、规章规定的应急处置措施不能消除或者有效控制、减轻其严重社会危害，需要进入紧急状态的，由全国人民代表大会常务委员会或者国务院依照宪法和其他有关法律规定的权限和程序决定。

紧急状态期间采取的非常措施，依照有关法律规定执行或者由全国人民代表大会常务委员会另行规定。

第七十条　本法自 2007 年 11 月 1 日起施行。

民用机场管理条例（节选）

【发布日期】2009.04.13
【实施日期】2009.07.01
【效力级别】行政法规
【发文字号】国务院令第 553 号

第二十五条 民用航空管理部门、有关地方人民政府应当按照国家规定制定运输机场突发事件的应急预案。

第二十六条 机场管理机构应当根据运输机场突发事件应急预案组织运输机场应急救援的演练和人员培训。

机场管理机构、航空运输企业以及其他驻场单位应当配备必要的应急救援设备和器材，并加强日常管理。

第三十二条 发生突发事件，运输机场所在地有关地方人民政府、民用航空管理部门、空中交通管理部门、机场管理机构等单位应当按照应急预案的要求及时、有效地开展应急救援。

第六十七条 违反本条例的规定，机场管理机构未按照应急预案的要求进行应急救援演练或者未配备必要的应急救援设备和器材的，由地区民用航空管理机构责令改正，处 1 万元以上 5 万元以下的罚款。

第七十一条 违反本条例的规定，发生突发事件，机场管理机构、空中交通管理部门等单位未按照应急预案的要求及时、有效开展应急救援的，由地区民用航空管理机构责令改正，处 10 万元以上 50 万元以下的罚款。

北京市实施《中华人民共和国突发事件应对法》办法（节选）

【发布日期】2008.05.23
【实施日期】2008.07.01
【效力级别】省级地方性法规
【发文字号】北京市人民代表大会常务委员会公告第1号

第二十条　车站、机场、体育场（馆）、影剧院、歌舞厅、医院、商（市）场、宾馆、饭店、旅游区（点）、互联网上网服务营业场所等公共场所和其他人员密集场所的经营、管理单位，应当遵守下列安全管理规定：

（一）制定有效的安全管理措施和突发事件应急救援预案，配备应急救援人员；

（二）设置符合要求并且标志明显的安全出口和疏散通道，配备应急广播、应急照明设施、消防设备和器材；

（三）有关人员掌握应急救援预案的内容，熟练使用应急广播、消防设备和器材，了解安全出口和疏散通道的位置以及本岗位的应急救援职责；

（四）根据需要设置相应的安全技术防范设施，建立安全检查制度；

（五）对本单位可能发生的突发事件和采取安全措施的情况，及时向所在地人民政府或者人民政府有关部门报告。

北京市民用运输机场管理办法（节选）

【发布日期】2014.10.22
【实施日期】2015.01.01
【效力级别】地方政府规章
【发文字号】北京市人民政府令第 262 号

　　第十二条　机场管理机构负责编制机场突发事件应急预案。机场突发事件应急预案应当按照规定向机场所在地的区县人民政府备案。

　　机场管理机构应当建立应急演练制度，定期组织相关单位进行应急演练，组织开展应急预案相关管理人员和专业救援人员应急预案培训。

　　第十三条　市人民政府会同国务院民用航空主管部门建立机场突发事件应急会商机制，负责机场突发事件应急处置的指挥与协调。

　　在机场发生突发事件时，公安、交通、卫生计生、食品药品监管、通信、气象、水务等行政部门应当按照本市突发事件总体应急预案，做好机场突发事件应急救援的保障工作。

邯郸机场突发事件应急救援预案

【发布日期】2015.12.01
【实施日期】2015.12.01
【效力级别】地方工作文件
【发文字号】邯政办字〔2015〕189号

《邯郸机场突发事件应急救援预案》共分六部分，分别为《航空器场内失事应急救援预案》、《航空器场外失事应急救援预案》、《航空器地面/空中遭遇劫持应急救援预案》、《航空器空中故障紧急迫降应急救援预案》、《航空器与车辆/设备相撞应急预案》、《航空器与航空器地面相撞应急救援预案》。

一、航空器场内失事应急救援预案

（一）目的

邯郸机场内发生航空器失事时，各保障部门能够迅速、有效、协调、统一地实施抢险救援工作，最大限度减少人员伤亡及财产损失，尽快恢复邯郸地区或机场的生产运行秩序。

（二）适用范围

本预案内容和规定适用于邯郸机场围界内发生航空器失事时的抢险救援和协调保障工作。

（三）事件描述

1. 航空器在邯郸机场围界范围以内失事。

2. 航空器失事：航空器坠毁、爆炸、起火、严重损坏等紧急事件。

（四）处置原则

1. 信息

快速准确向消防、医疗及各救援单位传递信息。

2. 救援

迅速、有效、协调、统一地实施抢险救援工作。

3. 联动

及时向市政府值班室和各协议的单位请求支援。

4. 恢复

修复清理跑道设施设备，开放机场。

（五）预案启动标准/终止条件

1. 预案启动标准

航空器在场内失事，立即启动本预案。

2. 预案终止条件

受伤旅客及未受伤旅客被转运或安置，残损航空器搬移工作结束，跑道及助航设施恢复可用，根据总指挥指令，终止本预案。

（六）组织机构

1. 邯郸市民航机场应急救援领导小组构成

组　　长：市政府分管交通运输副市长

副组长：民航河北安全监督管理局局长

市政府分管交通运输副秘书长

成　　员：市发展改革委主任

市交通运输局局长

市消防支队政治委员

武警邯郸市支队支队长

市卫生计生委主任

市公安局分管刑侦副局长

市政府应急办主任

邯郸机场管理有限公司董事长、总经理

中航油邯郸供应站站长

河北致远通用航空有限公司邯郸训练基地经理

河北翔华通用航空有限公司总经理

职　责：全面负责应急救援指挥工作。

2. 邯郸机场应急救援指挥中心机构组成

总指挥：邯郸机场总经理

副总指挥：邯郸机场分管安全副总经理

成　员：邯郸机场航务部当日值班部长、后勤保障部当日值班部长、商务部当日值班部长、机务保障部当日值班部长、公安分局当日值班局长、安全检查站当日值班站长、安全监察办公室主任、综合办公室主任、市场部当日值班部长。

（七）各救援单位职责

1. 应急救援指挥中心

（1）接到塔台或目击人的通知或报告后，立即启动本预案，同时将航空器型号、国籍、航空公司、航班号、航空器号、失事时间和方位或地点（按应急救援方格网图的坐标方格或点通报）等信息，立刻通知机场消防、医疗救护中心赶赴失事现场，并且向邯郸市政府值班室、机场应急救援指挥中心总指挥、机场值班领导报告，同时做好记录；

（2）负责上报市政府值班室和地方协议救援单位，请求必要支援。

（3）负责向总指挥报告航空器失事情况及救援工作进展，根据指令发布关闭/开放机场信息；

（4）负责向领导小组、应急救援指挥中心成员简要报告航空器失事情况及救援工作的进展情况。同时，负责各项记录工作，记录内容包括：失事现场情况及救援指令下达时刻、信息通报对象及时刻、各级指挥人员指令、现场救援进展情况、失事航空器资料、救援人员到位时刻等；

（5）根据《残损航空器搬移预案》组织机场相关单位开展航空器搬移工作；

（6）负责收集、汇总、记录救援过程中相关资料及数据。

2. 航务部

（1）当塔台值班管制员获悉机场内航空器失事的信息后，必须以最快速度报机场值班领导、应急救援指挥中心及有关单位。报告内容应包括：航空器型号、国籍、航空机场公司、航班号、航空器号、失事时间和地点（尽量给出应急救援方格网图上的相对位置）；

（2）塔台负责及时了解发生突发事件航空器机长意图和事件发展情况，并通报指挥中心；

（3）站调负责发布因发生突发事件影响机场正常运行的航行通告；

（4）负责向指挥中心及其他参与救援的单位提供所需的气象等信息；

（5）航务部通导室负责应急救援通讯保障工作，负责检查和修复损坏的导航设施。

3. 机场消防站

（1）接到信息后紧急出动赶赴失事现场，负责对航空器失事现场实施消防灭火行动；

（2）负责划定消防安全区域，开辟救援通道，解救被困遇险人员；

（3）负责及时向应急救援指挥中心报告施救情况；

（4）负责通知并引导地方消防增援力量赶赴失事救援现场；

（5）负责统一指挥机场及外部消防力量开展救援工作；

（6）负责协助航空器营运人及其代理人进行残损航空器搬移工作；

（7）负责向应急救援指挥中心报告救援情况及预案解除后的车辆撤离情况。

4. 机场公安分局

（1）负责设置内外安全警戒圈，保护失事现场，维持救援秩序；

（2）负责疏导救援道路，保持畅通；

（3）负责向市公安局报告请求支援，并协调市公安局、武警部队参与救援任务；

（4）负责引导地方增援力量到达失事现场，并按规定行动路线参加救援；

（5）负责统一指挥本单位和外援救援单位的安全警戒工作；

（6）负责向应急救援指挥中心报告安全警戒工作开展情况及地方增援力量到位情况；

（7）负责向应急救援指挥中心报告预案解除后的车辆撤离情况。

5. 医务室

（1）负责组织指挥担架队开展伤员的运送和救护工作；

（2）负责开展伤亡人员分类挂牌、伤员救治和后送工作；

（3）负责引导地方增援力量到达失事现场，并按规定行动路线参加救援；

（4）负责救援现场的消毒防疫工作；

（5）负责向应急救援指挥中心报告伤员运送及救护工作开展进展情况；

（6）负责向应急救援指挥中心报告人员伤亡和救治情况及预案解除后的车辆撤离情况。

6. 商务部

（1）负责协助航空公司对未受伤人员进行引导、登记和安置工作；

（2）核对失事航空器的相关资料；

（3）根据职责为航班延误旅客提供相应服务。

7. 安全检查站

（1）负责机场安全检查道口应急放行工作；

（2）负责派出人员（担架队员）赶往医疗指挥所开展伤员运送工作。

8. 后勤保障部

（1）负责开通临时道路，保证救援现场道路的畅通；

（2）负责检查和修复场道、灯光等损坏设施；

（3）负责向应急救援指挥中心反馈机场适用性检查工作进展情况；

（4）动力队负责根据应急救援指挥中心指令，提供应急电力、应急照明设备。

9. 综合办公室

负责安排外部救援人员、紧急事件中伤亡人员及家属的吃、住、行；做好通信保障工作，坚持 24 小时值班，及时处理有关事宜；根据应急救援领导小组的意见对外进行发布。

10. 安全监察办公室

负责配合、协助局方事故调查组开展工作；保护现场，收集目击者反映，记录目击者单位、姓名、联系方法和详细反映内容；对易失证据进行拍照、摄像、采样、收集，并做书面记录。

11. 机务部

（1）立即派出机务人员迅速到达现场；

（2）若机舱内部人员全部昏迷，无法开启舱门，给消防人员指出航空器机体破拆的位置，强行进入；配合有关人员抢救伤员，尽量记录并保持驾驶舱初始状态；

（3）当航空器起火不能接近航空器时，密切配合消防人员灭火，并给消防人员指出航空器机体破拆的位置；

（4）配合公安干警搜寻失事航空器的散落物。

12. 中航油邯郸供应站

（1）接到航空器失事通知后，主要负责人应立即赶到应急救援指挥中心，配合总指挥开展应急工作；

（2）立即派出技术人员到达失事现场，及时提取油样备查，为分析事故原因提供必要依据；

（3）必要时在保持航空器状态不变的条件下，抽空放净燃油。

13. 市场部

（1）协助机场应急救援办公室了解相关旅客信息，内容包括：航班号、机型、机组人员、旅客名单及其身份证号、性别、家庭住址或联系电话；有无危险品、重要物品、重要旅客等；

（2）如果出现危险品，货运中心根据实际情况启动相应危险品处置预案。

二、航空器场外失事应急救援预案

（一）目的

各保障部门能够迅速、有效、协调、统一地实施抢险救援工作，避免和减少人员伤亡及财产损失，尽快恢复邯郸地区或机场的生产运行秩序。

（二）适用范围

本预案内容和规定适用于距离邯郸机场跑道8公里范围内发生航空器失事时的抢险救援和协调保障工作。

（三）事件描述

发生在机场围界以外、且距机场跑道中心点8公里范围内航空器失事的紧急事件。

（四）处置原则

1. 搜寻

根据《中华人民共和国搜寻援救民用航空器规定》搜寻失事航空器。

2. 信息

快速准确向消防、医疗及各救援单位传递信息。

3. 出动

场外集结，选定最佳路线快速出动。

4. 联动

上报市政府值班室和地方协议单位，请求支援赶赴现场或协助搜寻。

（五）预案启动标准/终止条件

1. 预案启动标准

接收到航空器场外失事信息（报告）后，立即启动本预案。

2. 预案终止条件

应急救援结束、受伤旅客（未受伤旅客）被转运或安置、残损航空器搬移工作结束，根据总指挥指示，本预案终止。

（六）组织机构

1. 邯郸市民航机场应急救援领导小组构成

组　　长：市政府分管交通运输副市长

副组长：民航河北安全监督管理局局长

市政府分管交通运输副秘书长

成　　员：市发展改革委主任

市交通运输局局长

市消防支队政委

武警邯郸市支队支队长

市卫生计生委主任

市公安局分管刑侦副局长

市政府应急办主任

邯郸机场管理有限公司总经理

中航油邯郸供应站站长

河北致远通用航空有限公司邯郸训练基地经理

河北翔华通用航空有限公司总经理

职　　责：全面负责应急救援指挥工作。

2. 邯郸机场应急救援指挥中心机构组成

总指挥：邯郸机场总经理

副总指挥：邯郸机场分管安全副总经理

成　员：航务部当日值班部长、后勤保障部当日值班部长、商务部当日值班部长、机务工程维修部当日值班部长、公安分局当日值班局长、安全检查站当日值班站长、安全监察办公室主任、综合办公室主任。

（七）各救援单位职责

1. 应急救援指挥中心

（1）接到塔台或目击人的通知或报告后，立即启动本预案，同时将航空器型号、国籍、航空公司、航班号、航空器号、失事时间和方位或地点（按应急救援方格网图的坐标方格或点通报）等信息，立刻通知机场消防、医疗急救中心赶赴失事现场，并且向市政府值班室、应急救援指挥中心总指挥、机场值班领导汇报，同时做好记录；

（2）若无失事地点的准确信息，则报市政府应急办协助，请求支援，配合搜寻，并由市政府应急办或地方协议单位通报航空器失事地点所在辖区政府，保护失事现场；

（3）负责查明（提供）失事区域的地形和道路交通情况，确定车辆集结点、行动路线，立即按照《应急救援处置单》的要求通报各单位，同时通知相关救援单位以最快速度赶赴失事现场展开救援，并报告进展情况；

（4）负责向领导小组、应急救援指挥中心成员简要报告航空器失事情况及救援工作的进展情况。同时，负责各项记录工作，记录内容包括：失事现场情况及救援指令下达时刻、信息通报对象及时刻、各级指挥人员指令、现场救援进展情况、失事航空器资料、救援人员到位时刻等；

（5）到达现场后根据消防警戒区范围和救援力量部署图，负责在航空器失事现场适当位置设置指挥点，竖立"机场应急救援

指挥所"橙色旗帜;

（6）负责收集信息向应急救援领导小组及机场应急救援指挥中心成员报告航空器失事情况及救援工作的进展情况;

（7）根据应急救援指挥中心总指挥指令，负责向航空器营运人及代理人和机场消防站下达搬移残损航空器指令，具体参照《残损航空器搬移预案》实施;

（8）负责收集、汇总救援过程中相关资料及数据的记录;

（9）收集各救援单位的救援处置工作的完成情况，报应急救援指挥中心总指挥，根据指令发布终止预案信息。

2. 航务部

（1）塔台负责将获知的突发事件类型、时间、地点等情况按照航空器场外失事应急救援预案规定的程序通知有关部门;

（2）塔台负责及时了解发生突发事件航空器机长意图和事件发展情况，并通报应急救援指挥中心;

（3）站调负责发布因发生突发事件影响机场正常运行的航行通告;

（4）负责向应急救援指挥中心及其他参与救援的单位提供所需的气象等信息;

（5）航务部通导室配合地方通讯部门做好应急救援通讯保障工作，如果失事地点在（远、近）导航台附近时，负责检查和修复损坏的导航设施;

3. 机场消防站

（1）在保持机场应急救援的正常保障能力下，赶赴现场负责消防前期灭火，解救被困遇险人员，并向现场总指挥报告施救情况，如果道路影响消防车难以靠近失事航空器时，负责提出临时灭火方案;

（2）联系社会力量，当地方增援力量到达失事现场后，介绍前期处置情况，明确分工，协助增援部队实施后续救援;

（3）消防指挥官行使现场消防最高指挥权，统一指挥协同配合；

（4）根据应急救援指挥中心总指挥的指令，协助航空器营运人及其代理人寻找"黑匣子"和进行残损航空器的搬移工作。

4. 机场公安分局

（1）负责设置内外安全警戒圈，协同武警部队、市公安部门以及辖区公安部门保护失事现场，维持救援秩序；

（2）负责救援现场道路疏导，保持畅通；

（3）负责协助调查组的现场取证工作；

（4）地方增援力量到达失事现场后，介绍前期处置情况，并协助增援部队实施后续救援；

（5）公安指挥官行使现场安全警戒最高指挥权，统一指挥，协同配合。

5. 机场医务室

（1）在保持机场应急救援的正常保障能力下，赶赴现场负责展开伤亡人员分类挂牌、伤员救治和后送的初步工作，并向现场总指挥报告伤亡和救治情况；

（2）地方增援力量到达失事现场后，介绍前期处置情况，并协助增援部队实施后续救援。

6. 商务部

（1）核对失事航空器的有关资料，包括：航班号、机型、机号、机组、旅客姓名、国籍、身份证件号码、行李数量和危险品等情况，并做好记录；

（2）负责所代理航空公司的航空器应急情况时的旅客疏散、运输及食宿安排；

（3）如涉及国际航班，负责通知联检单位。

7. 机务部

（1）立即派出机务人员迅速到达现场；

（2）若机舱内部人员全部昏迷，无法开启舱门，给消防人员指出航空器机体破拆的位置，强行进入；配合有关人员抢救伤员，尽量记录并保持驾驶舱初始状态；

（3）当航空器起火不能接近航空器时，密切配合消防人员灭火，并给消防人员指出航空器机体破拆的位置；

（4）配合公安干警搜寻失事航空器的散落物。

8. 中航油邯郸供应站

（1）接到航空器失事通知后，主要负责人应立即赶到应急救援指挥中心，配合总指挥开展应急工作；

（2）立即派出技术人员到达失事现场，及时提取油样备查，为分析事故原因提供必要依据；

（3）必要时在保持航空器状态不变的条件下，抽空放净燃油。

9. 市场部

（1）协助机场应急救援办公室了解相关旅客信息，内容包括：航班号、机型、机组人员、旅客名单及其身份证号、性别、家庭住址或联系电话；有无危险品、重要物品重要旅客等；

（2）如果出现危险品，根据实际情况货运中心启动相应危险品处置预案。

10. 其他部门

（1）机场后勤保障部协同地方部门开通临时道路，保证救援现场道路的畅通；协同地方电力部门建立失事现场灯光照明工作；会同地方环保部门和武警部队等外援单位清理失事现场；

（2）后勤保障部负责夜间作业提供临时照明；

（3）安全监察办公室根据应急救援指挥中心指示，参与有关部门参加的事件调查处理工作；负责收集、汇总救援过程中相关资料及数据的记录、封存工作；

（4）综合办公室负责安排外部救援人员、紧急事件中伤亡人员及家属的吃、住、行；做好通信保障工作，坚持 24 小时值班，及时处理有关事宜；根据应急救援领导小组的意见对外进行发布。

三、航空器地面/空中遭遇劫持应急救援预案

（一）目的

当航空器地面/空中遭劫持时，各保障部门能够迅速、有效、协调、统一地实施抢险救爰工作，避免和减少人员伤亡及财产损失，尽快恢复邯郸机场的生产运行秩序。

（二）适用范围

本预案内容和规定适用于在邯郸机场范围内发生航空器地面/空中遭遇劫持时的抢险救援和协调保障工作。

（三）事件描述

航空器在邯郸机场发生遭遇劫持或航空器在空中遭遇劫持需要在邯郸机场降落进行处置的紧急事件。

（四）处置原则

1. 信息

快速准确向公安分局、消防、医疗及各救援单位传递信息。

2. 联动

上报邯郸市政府值班室/地方救援协议单位，请求支援。

3. 隔离

撤离附近所有航空器、人员及车辆。

（五）预案启动标准/终止条件

1. 预案启动标准

接到航空器在邯郸机场发生遭遇劫持或航空器在空中遭遇劫持需要在邯郸机场降落进行处置信息（报告）后，立即启动本预案。

2. 预案终止条件

劫持航空器的犯罪嫌疑人被制服或投降，根据总指挥指示，此项工作结束，本预案终止。

（六）组织机构

1. 邯郸机场应急救援领导小组

组　长：市政府分管交通运输副市长

副组长：民航河北安全监督管理局局长

市政府分管交通运输副秘书长

成　员：市发展改革委主任

市交通运输局局长

市消防支队政委

武警邯郸市支队支队长

市卫生计生委主任

市公安局分管刑侦副局长

市政府应急办主任

邯郸机场管理有限公司总经理

中航油邯郸供应站站长

河北致远通用航空有限公司邯郸训练基地经理

河北翔华通用航空有限公司总经理

职　责：全面负责应急救援指挥工作。

2. 邯郸机场应急救援指挥中心组成

总指挥：邯郸机场总经理

副总指挥：邯郸机场副总经理

成　员：公安分局当日值班局长、后勤保障部当日值班部长、商务部当日值班部长、机务工程维修部当日值班部长、航务部当日值班部长、安全检查站当日值班站长、市场部当日值班部长。

（七）各救援单位职责

1. 应急救援指挥中心

（1）负责预案的启动和终止，并报总指挥复核；

（2）负责应急救援指令的下达和信息的传递；

（3）负责与社会救援机构具体联系；

（4）负责向应急救援领导小组通报应急救援进展情况；

（5）负责机场总体运行情况的监控、指挥、协调及各类资源的调配；

（6）负责制定隔离机位和在公安分局的建议下确立集结点

位置；

（7）负责机场关闭和开放信息的发布；

（8）负责监督各救援单位预案以及分预案的执行情况。

2. 机场公安分局

（1）负责向市公安局报告，并请求支援；

（2）负责确定隔离区范围，设置内外安全警戒圈，保护被劫持航空器现场，维持救援秩序，并统一指挥本单位和配合外来救援单位的安全警戒工作；

（3）负责道口管理工作；

（4）负责按规定行动路线疏导救援道路，保持畅通；

（5）负责向民航相关部门调取嫌疑人资料，协助市公安局现场处置工作及调查组进行现场取证工作；

（6）负责引导地方增援力量到达现场；

（7）负责将处置情况及时反馈应急救援指挥中心。

3. 机场消防支队

统一指挥本单位人员集结待命，如发生爆炸负责配合外援消防单位处置。

4. 机场医疗救护中心

统一指挥本单位人员集结待命，如发生爆炸负责配合外援医疗单位处置。

5. 安全检查站

（1）负责协助疏散旅客至安全区域；

（2）负责从安检系统调取有关资料。

6. 商务部

（1）负责协助疏散旅客并引领至安全区域；

（2）提供该航空器上旅客人数及货物清单；

（3）负责核实机上是否存在危险物品。

7. 航务部

（1）与机组保持密切联系，掌握动态，并将机上信息与地面应急准备信息迅速传递；

（2）了解机组的意图、旅客和机组人数；

（3）了解被威胁的目标、实施威胁的手段、劫持工具、劫机者的要求以及实施劫机时限等；

（4）根据此航班对机场的影响程度，与应急救援指挥中心研究后发出流量控制或关闭机场的航行通告；

（5）当受劫持航空器落地后，指挥其滑行到隔离停放机位（7号停机位）。

8. 其他救援单位

（1）市场部负责协助机场应急办了解航空器相关信息工作；

（2）后勤保障部负责对处置区域的适用性检查、修复清理工作；

（3）机务部负责特种车辆的调配；

（4）安全监察办公室负责收集、汇总救援过程中相关资料及数据的记录、封存工作；

（5）综合办公室负责新闻报道和新闻危机处置；在应急处置期间实时监控网络舆情；负责拟定官方微博和新闻通稿，通过主流媒体和机场官方微博发布信息。

四、航空器空中故障紧急迫降应急救援预案

（一）目的

航空器空中发生故障需要紧急迫降时，各保障部门能够迅速、有效、协调、统一地实施抢险救援工作，最大限度减少人员伤亡及财产损失。

（二）适用范围

本预案内容和规定适用于距离邯郸机场8公里范围内发生航空器故障需要紧急迫降时的抢险救援和协调保障工作。

（三）事件描述

航空器在空中发生的起落架故障、发动机停车、发动机起火

等故障导致航空器操纵性能下降不能正常降落须紧急迫降。

（四）处置原则

1. 信息通报

快速了解信息，通知机场消防、医疗人员及相关协议救援单位人员集结待命。

2. 集结

根据跑道方向，集结地待命，定点部署消防救援力量。

3. 判断

询问空管、航空公司、机组意图。

4. 联动

根据情况上报邯郸市政府值班室/地方救援协议单位，请求支援。

（五）预案启动标准/终止条件

1. 预案启动标准

接收到航空器空中故障须在本场迫降信息（报告）后，立即启动本预案。

2. 预案终止条件

（1）如果航空器安全着陆，或航空器发生起火、断裂、油料泄漏或严重破损时启动《场内失事预案》、《场外失事预案》，终止本预案。

（2）如果航空器迫降后安全脱离跑道，本预案终止。

（六）组织机构

1. 邯郸市民航机场应急救援领导小组构成

组　　长：市政府分管交通运输副市长

副组长：民航河北安全监督管理局局长

市政府分管交通运输副秘书长

成　　员：市发展改革委主任

市交通运输局局长

市消防支队政委

武警邯郸市支队支队长

市卫生计生委主任

市公安局分管刑侦副局长

市政府应急办主任

邯郸机场管理有限公司总经理

中航油邯郸供应站站长

河北致远通用航空有限公司邯郸训练基地经理

河北翔华通用航空有限公司总经理

职　责：全面负责应急救援指挥工作。

2. 邯郸机场应急救援指挥中心

总指挥：邯郸机场总经理

副总指挥：邯郸机场分管安全副总经理

成　　员：航务部当日值班部长、后勤保障部当日值班部长、商务部当日值班部长、机务工程维修部当日值班部长、公安分局当日值班局长、安全检查站当日值班站长、市场部当日值班部长。

（七）各保障单位职责

1. 机场应急救援指挥中心

（1）根据航务部塔台通知的地面迫降原因、预计时间、预定着陆点，立即启动预案；

（2）保持与航务部塔台的通讯联系，根据航空器使用跑道/可着陆区域，确定预定集结等待区（A区/B区），立即通知机场消防站、机场公安分局及机场医务室、各救援保障单位赶赴集结地，同时报告总指挥；

（3）检查现场各救援单位的救援人员、设备到位情况，报告总指挥；

（4）根据航空公司对事件的判断结果经总指挥同意，报告市政府应急办或救援协议单位，请求支援；

（5）航空器在落地前10分钟前，协调塔台通知机场消防站进行定点部署，机场公安分局及机场医务室进入实际集结A区等待区；

（6）如果航空器正常着陆，根据总指挥指令向各应急救援单位发布解除预案命令，同时报告市政府应急办或救援协议单位终止预案，记录整个紧急出动的处置过程，并留存；

（7）如航空器非安全着陆，冲出（偏出）跑道或滑行过程当中可能出现爆炸、起火等紧急事件，则立即启动《航空器场内失事应急处置预案》、《残损航空器搬移预案》，转入航空器场内失事应急救援指挥中心处置程序处置；

（8）如航空器着陆过程中未发生起火、断裂、燃油泄漏和重大损坏则协调指挥各单位完成旅客撤离、货物搬移等各项工作。

2. 航务部

（1）立即报机场值班领导，并通知消防车等到预先确定的接近使用跑道的待命点准备，并且尽可能多地通报如下详细情况：航空器机型；机载燃油；机组和乘客人数；故障的性质种类；将要使用的跑道；预计着陆时间；有无机载危险品，如果有，则通报位置和数量；

（2）按紧急信息传递程序图报告或通知有关部门，请示机场值班领导到塔台指挥，要求航空公司或机场机务工程维修部负责人到塔台协助指挥；同时密切掌握航空器故障发展变化情况。

3. 机场消防站

（1）根据应急救援指挥中心指令，到达指定位置集结待命；

（2）负责与现场指挥部保持通讯畅通，做好救援准备；

（3）根据现场情况紧急出动跟随迫降航空器；

（4）根据情况请求地方消防力量支援，到达指定集结地点后，负责与地方消防队伍建立联系；

（5）若航空器发生危机事件则参照航空器场内失事应急预案实施救援。

4. 机场医务室

（1）根据应急救援指挥中心指令，到达指定位置集结待命；

（2）负责与现场指挥所保持通讯畅通，做好救援准备；

（3）根据现场指挥所指定的路线尾随跟进迫降航空器；

（4）根据应急救援指挥中心要求请求地方医疗力量支援，负责引导地方医疗人员到达指定地点集结和联系；

（5）负责组织担架队参与集结待命；

（6）负责救援现场的消毒防疫工作；

（7）负责向应急救援指挥中心报告救援情况及预案解除后的车辆撤离情况。

5. 机场公安分局

（1）负责组织实施紧急事件现场警戒及交通疏导等工作；

（2）负责引导地方增援力量到达道口，并按"应急救援集结区域示意图"的行动路线参加救援；

（3）负责维护集结点车辆秩序；

（4）负责参与航空器事故调查、取证，做好现场记录、录音和录像等工作；

（5）按照应急救援指挥中心指令负责协调市公安局、武警部队参与救援任务。

6. 商务部

（1）按照应急救援指挥中心要求，组织工作人员赶赴集结区待命；

（2）负责向指挥中心提供航空器客、货及危险品等信息；

（3）按照《航班延误工作流程》负责提供相关服务。

7. 安全检查站

（1）按照应急救援指挥中心指令，组织担架队到达集结区待命；

（2）负责机场安全检查道口应急放行工作。

8. 机场后勤保障部

（1）按照应急救援指挥中心要求，组织工作人员赶赴集结区集结待命；

（2）若航空器着陆后冲出（偏出）跑道或滑行过程当中可能出现爆炸、起火等紧急事件，则参照《航空器场内失事应急救援预案》执行。

9. 综合办公室

负责安排外部救援人员、紧急事件中伤亡人员及家属的吃、住、行；做好通信保障工作，坚持 24 小时值班，及时处理有关事宜；根据应急救援领导小组的意见对外进行发布。

10. 安全监察办公室

负责配合、协助局方事故调查组开展工作；保护现场，收集目击者反映，记录目击者单位、姓名、联系方法和详细反映内容；对易失证据进行拍照、摄像、采样、收集，并做书面记录。

11. 机务部

（1）负责提供特种车辆赶赴集结地待命；

（2）协助消防人员破拆航空器；

（3）为事故航空器的救援行动提供技术支持；

（4）通知塔台，指挥将受到威胁的其它航空器滑到安全机位，排除妨碍应急救援行动的设备，开通临时道路、桥梁，保证救援现场道路畅通；

12. 市场部

（1）协助应急救援办公室了解相关旅客信息，内容包括：航班号、机型、机组人员、旅客名单及其身份证号、性别、家庭住址或联系电话；有无危险品、重要物品重要旅客等；

（2）如果出现危险品，根据实际情况货运中心启动相应危险品处置预案。

五、航空器与车辆/设备相撞应急预案

（一）目的

当邯郸机场发生航空器与车辆/设备相撞时，各保障部门能够迅速、有效、协调、统一地实施抢险救援工作，避免和减少人员

伤亡及财产损失，尽快恢复邯郸机场的生产运行秩序。

（二）适用范围

本预案内容和规定适用于邯郸机场发生航空器与车辆/设备相撞时的抢险救援和协调保障工作。

（三）事件描述

航空器在活动区滑行发生与地面作业车辆、地面设施设备（航站楼、高杆灯等）相撞的紧急事件。

（四）处置原则

1. 信息：快速准确传递信息。

2. 判断：受影响范围及受损程度。

3. 搬移：事故调查结束后，组织力量迅速将破损航空器和车辆移出现场。

（五）预案启动标准/终止条件

1. 预案启动标准

发生航空器滑行与地面行驶车辆或地面设施相撞，本预案启动。

2. 预案终止条件

受损航空器和车辆移出现场，事故现场清理完毕，本预案终止。

（六）组织机构

1. 邯郸市民航机场应急救援领导小组构成

组　　长：市政府分管交通运输副市长

副组长：民航河北安全监督管理局局长

市政府分管交通运输副秘书长

成　　员：市发展改革委主任

市交通运输局局长

市消防支队政委

武警邯郸市支队支队长

市卫生计生委主任

市公安局分管刑侦副局长

市政府应急办主任

邯郸机场管理有限公司总经理

中航油邯郸供应站站长

河北致远通用航空有限公司邯郸训练基地经理

河北翔华通用航空有限公司总经理

职　责：全面负责应急救援指挥工作。

2. 邯郸机场应急救援指挥中心

总指挥：邯郸机场总经理

副总指挥：邯郸机场副总经理

成　员：公安分局当日值班局长、航务部当日值班部长、后勤保障部当日值班部长、商务部当日值班部长、机务工程维修部当日值班部长、安全检查站当日值班站长、安全监察办公室主任、市场部当日值班部长。

（七）各保障单位职责

1. 应急救援指挥中心

（1）根据航空器与车辆/设备相撞信息，负责启动预案；

（2）通知消防人员到达事故区进行监控；

（3）会同航务部明确机场限制运行区域；

（4）根据总指挥指令，负责发布机场或者机场部分区域的关闭/开放指令；

（5）负责根据消防安全区域通知相关救援保障部门，并且根据航务部建议发布运行限制条件；

（6）负责调整机坪相关资源；

（7）必要时，根据总指挥指令，负责向市政府应急办或救援协议单位请求支援；

（8）要求相撞车辆单位送达事故报告，负责在 1.5 小时内填写《邯郸机场运行不安全事件快报》；

（9）在事故调查组同意后，通知商务部组织下客，根据总指挥指令，向航空器营运人及其代理人下达搬移受损航空器的指令，若事故车辆不能移动组织特种车辆牵引出机坪；

（10）机坪监管人员指挥协调相关部门确保航空器活动区运作的畅通；

（11）负责救援信息的传递。及时收集相关单位预案执行情况，将救援进程向指挥长报告；

（12）负责收集、汇总救援过程中相关资料及数据的记录，根据指令发布终止预案信息。

2. 机场消防站

（1）负责划定消防安全区域，指定现场指挥所位置；

（2）负责营救遇险人员；

（3）负责统一协调地方消防增援力量开展救援工作；

（4）负责相撞航空器以及事故车辆发生燃油泄漏的工作处置；

（5）根据现场指挥所指令，配合完成航空器及事故车辆搬移工作；

（6）及时向指挥中心通报告救援进程；

（7）负责向指挥中心报告救援情况及预案解除后的消防车辆撤离情况。

3. 机场公安分局

（1）负责组织、实施紧急事件现场警戒及交通疏导工作；

（2）根据事态的严重性通知地方武警部队参与救援工作；

（3）维护治安秩序，设置应急救援专用通道，确保应急救援通道畅通；

（4）负责故障车辆提供清障车；

（5）负责核对伤亡人数及身份等工作；

（6）参与航空器及车辆/设备的事故调查、取证，做好现场记录、录音和录像；

4. 机场医务室

（1）负责及时进行现场救治以及伤员后送工作；

（2）指挥机场担架队运送伤亡人员；

（3）负责统一协调地方医疗增援力量开展救援工作；

（4）负责向指挥中心报告救援情况及预案解除后的车辆撤离情况。

5. 商务部

（1）负责提供旅客名单及货物、危险品信息；

（2）根据指挥中心指令，组织下客；

（3）负责向旅客提供改签、食宿等服务；

（4）根据指挥中心指令，协助消防站完成航空器搬移工作。

6. 后勤保障部

（1）负责检查事故现场道面、机坪是否受损；

（2）负责检查事故现场助航灯光是否受损；

（3）根据指挥中心指令，提供应急电力和照明保障工作；

（4）根据指挥中心指令，组织车辆运送旅客，携带救援设备赶赴现场；

（5）如相撞车辆漏油（携带清理溢油工具）负责溢油区清理工作，工作完毕后报应急救援指挥中心；

（6）负责将故障车辆迁移至安全区域；

（7）负责向应急救援指挥中心反馈机场适用性检查结果。

7. 机务工程维修部

（1）立即组织专业技术人员赶赴现场进行救援；

（2）迅速打开客货舱门或应急舱门，将旅客、货物转移至安全场所；

（3）准备好各种救援、灭火设备和车辆，随时投入使用；

（4）保护好现场，协助安全监察办公室、机场公安分局拍照、摄像和事故调查；

（5）根据航空器损伤程度，协助航空公司进行妥善处理：损伤较轻，由航空公司做出放行许可；损伤比较严重但可以滑行的，引导航空器滑行至指定机位待修；损伤程度严重且已丧失机动性的，按航空器搬移程序处置；

（6）根据应急救援指挥中心指令，组织特种车辆，赶赴事故现场待命；

（7）负责按指挥中心要求推移航空器。

8. 航务部

航务部负责向指挥中心建议机场限制使用范围，填写《颁发航行通告资料通知书》提交指挥中心；根据指挥中心的要求，合理调整航空器地面滑行路线，根据事件对机坪运行影响程度，报指挥中心研究同意后发出航行通告。

9. 安全监察办公室

（1）立即报告民航上级安全管理部门；

（2）协调机场公安分局、机务工程维修部等进行事故调查取证。

六、航空器与航空器地面相撞应急救援预案

（一）目的

当邯郸机场内发生航空器与航空器地面相撞时，各保障部门能够迅速、有效、协调、统一地实施抢险救援工作，避免和减少人员伤亡及财产损失，尽快恢复邯郸机场的生产运行秩序。

（二）适用范围

本预案相关内容适用于邯郸机场发生航空器与航空器地面相撞时的抢险救援工作和协调保障工作。

（三）事件描述

在邯郸机场内发生航空器与航空器地面剐蹭、相撞等紧急事件。

（四）处置要点

1. 信息

快速准确向消防、医疗、航务及各救援单位传递信息。

2. 判断

受影响区域及范围。

3. 联动

上报邯郸市政府值班室/救援协议单位，请求支援。

4. 搬移

救援及调查完毕后，完成残损航空器搬移工作。

（五）预案启动标准/终止条件

1. 预案启动标准

发生航空器与航空器地面剐蹭或相撞事件后，立即启动本预案。

2. 预案终止条件

受伤旅客及未受伤旅客被转运或安置，残损航空器搬移工作结束，飞行区设施设备具备适用性条件，根据总指挥指令，终止本预案。

（六）组织机构

1. 应急救援领导小组机构组成

组　　长：市政府分管交通运输副市长

副组长：民航河北安全监督管理局局长

市政府分管交通运输副秘书长

成　　员：市发展改革委主任

市交通运输局局长

市消防支队政委

武警邯郸市支队支队长

市卫生计生委主任

市公安局分管刑侦副局长

市政府应急办主任

邯郸机场管理有限公司总经理

中航油邯郸供应站站长

河北致远通用航空有限公司邯郸训练基地经理

河北翔华通用航空有限公司总经理

职　责：负责全面的应急救援指挥工作。

2. 邯郸机场应急救援指挥中心

总指挥：邯郸机场总经理

副总指挥：邯郸机场分管安全副总经理

成　员：航务部当日值班部长、后勤保障部当日值班部长、商务部当日值班部长、机务工程维修部当日值班部长、公安分局当日值班局长、安全检查站当日值班站长、安全监察办公室主任、综合办公室主任等。

（七）各保障单位职责

1. 应急救援指挥中心

（1）根据机组、塔台或机务的报告，负责立即启动预案；

（2）通知消防人员到达事故区进行监控；

（3）会同后勤保障部明确机场限制运行区域，负责向塔台管制室提供《航行情报资料通知书》；

（4）根据总指挥指令，负责发布机场或者机场部分区域的关闭/开放指令；

（5）负责根据消防安全区域通知相关救援保障部门，并且根据后勤保障部建议发布运行限制条件；

（6）必要时，根据总指挥指令，负责向市政府应急办或救援协议单位请求支援；

（7）负责在 1.5 小时内填写《邯郸机场运行不安全事件快报》报民航河北安全监督管理局；

（8）在事故调查组同意后，通知商务部组织下客，根据应急救援总指挥指令，向航空器营运人及其代理人下达搬移受损航空器的指令；

（9）负责救援信息的传递。及时收集相关单位预案执行情况，将救援进程向总指挥报告；

（10）负责收集、汇总救援过程中相关资料及数据的记录，根据指令发布终止预案信息。

2. 航务部

航务部负责向应急救援指挥中心建议机场限制使用范围，填写《颁发航行通告资料通知书》提交指挥中心；根据指挥中心的要求，合理调整航空器地面滑行路线，根据事件对机坪运行影响程度，报指挥中心研究同意后发出航行通告。

3. 机场公安分局

（1）负责组织实施紧急事件现场警戒及交通疏导等工作；

（2）负责核对伤亡人数及身份等工作；

（3）负责引导地方增援力量到达道口，并按规定行动路线参加救援；

（4）负责维护集结地点的车辆及人员秩序；

（5）负责参与航空器事故调查、取证，做好现场记录、录音和录像等工作；

（6）负责协调市公安局、武警支队参与救援任务。

4. 机场消防站

（1）负责控制现场火源，及时扑灭因航空器相撞而引起的火灾；

（2）负责营救遇险人员；

（3）负责划定消防安全区域，指定现场指挥所位置；

（4）负责统一协调地方消防增援力量开展救援工作；

（5）负责航空器相撞现场航油泄漏的处置工作；

（6）根据现场指挥所指令，配合完成航空器搬移工作；

（7）及时向指挥中心通报救援进程；

（8）负责向指挥中心报告救援情况及预案解除后的消防车辆撤离情况。

5. 机场医务室

（1）及时进行现场救治，按伤员伤情分类并负责伤员后送工作；

（2）指挥机场担架队运送伤亡人员；

（3）负责统一协调地方医疗增援力量开展救援工作；

（4）负责向指挥中心报告救援情况及预案解除后的车辆撤离情况。

6．商务部

（1）根据应急救援指挥中心的指令，组织下客；

（2）负责提供旅客名单及货物、危险品信息；

（3）负责向旅客提供改签、食宿等服务；

（4）根据指挥中心指令，协助消防站完成航空器搬移工作。

7．后勤保障部

（1）负责检查事故现场道面、机坪是否受损；

（2）负责检查事故现场助航灯光是否受损；

（3）根据指挥中心指令，提供应急电力和照明保障工作；

（4）根据指挥中心指令，组织车辆运送旅客，携带救援设备赶赴事故现场待命；

（5）负责按指挥中心要求推移航空器；

（6）如相撞车辆漏油负责溢油区清理工作，工作完毕后报应急救援指挥中心；

（7）负责将故障车辆迁移至安全区域；

（8）负责向指挥中心反馈机场适用性检查结果。

8．机务部

（1）立即组织专业技术人员赶赴现场进行救援；

（2）迅速打开客货舱门或应急舱门，将旅客、货物转移至安全场所；

（3）准备好各种救援、灭火设备和车辆，随时投入使用；

（4）保护好现场，协助安全监察办公室、机场公安分局拍照、摄像和事故调查；

（5）根据航空器损伤程度，协助航空公司进行妥善处理：损伤较轻，由航空公司做出放行许可；损伤比较严重但可以滑行的，引导航空器滑行至指定机位待修；损伤程度严重且已丧失机动性的，按航空器搬移程序处置；

（6）根据指挥中心指令，组织特种车辆，赶赴事故现场待命；

（7）负责按指挥中心要求推移航空器。

9. 综合办公室

负责安排外部救援人员、紧急事件中伤亡人员及家属的吃、住、行；做好通信保障工作，坚持 24 小时值班，及时处理有关事宜；根据应急救援领导小组的意见对外进行发布。

10. 安全监察办公室

负责配合、协助局方事故调查组开展工作；保护现场，收集目击者反映，记录目击者单位、姓名、联系方法和详细反映内容；对易失证据进行拍照、摄像、采样、收集，并做书面记录。

11. 市场部

（1）协助机场应急办了解相关旅客信息，内容包括：航班号、机型、机组人员、旅客名单及其身份证号、性别、家庭住址或联系电话；有无危险品、重要物品重要旅客等；

（2）如果出现危险品，货运中心根据实际情况启动相应危险品处置预案。

12. 中航油邯郸供应站

（1）接到通知后，主要负责人应立即赶到应急救援指挥中心，配合总指挥开展应急工作；

（2）立即派出技术人员到现场，及时提取油样备查，为分析事故原因提供必要依据；

（3）必要时在保持航空器状态不变的条件下，抽空放净燃油。

邯郸市机场净空保护委员会组织机构及工作职责

【发布日期】2015.08.28
【实施日期】2015.08.28
【效力级别】地方规范性文件
【发文字号】邯政办字〔2015〕114 号

　　为进一步加强我市机场净空保护管理工作，维护良好的净空环境，确保民航飞行安全，根据国务院《民用机场管理条例》、民航局《民用机场运行安全管理规定》、省政府《河北民用机场净空和电磁环境保护管理办法》等相关规定，市政府研究决定成立邯郸市机场净空保护委员会（以下简称"市净空委"）。组织机构及工作职责如下：

一、组织机构

主　　任：王进江　　市委常委、市政府副市长

副主任：肖阳明　　市政府办公厅调研员

　　白　钢　　市交通运输局局长

　　张金江　　市规划局局长

　　王保江　　市安全监管局局长

　　杨俊海　　市公安局副局长

成　　员：李书平　　邯山区委常委、区政府常务副区长

　　侯建铭　　丛台区政府副区长

李洪魁　复兴区政府副区长

高　超　磁县政府副县长

王　平　冀南新区管委会调研员

庞耀洲　邯郸经济技术开发区管委会常务副主任

牛平昌　市委宣传部副部长、网信办主任

张海林　市政府督查室副县级督察员

张玉珠　市交通运输局副局长

豆利刚　市规划局副局长

马　顺　市安全监管局副局长

蒋宁达　市城管执法局副局长

李　戈　市建管办副主任

侯日升　市环境保护局副局长

李海平　市体育局调研员

董占强　市气象局副局长

徐　义　邯郸无线电管理局副局长

白存富　市公安局经文保支队副支队长

黄东波　邯郸机场公司董事长、总经理

邯郸市机场净空保护委员会下设办公室（以下简称"市净空办"），办公室设在市交通运输局，办公室主任由白钢兼任。

二、职责分工

（一）市净空委：定期分析邯郸机场净空安全形势，部署和组织有关部门落实民航局、省政府、民航华北局和民航河北监管局有关净空保护的方针、政策等；研究解决净空保护工作中出现的新情况和重点、难点问题；组织协调各成员单位之间工作联系，形成各司其职、各负其责、齐抓共管的局面，巩固和维护机场良好的净空环境。

（二）市净空办：负责净空保护联席会议的组织、联络和协调；协调、督促各成员单位履行工作职责；邯郸市净空管理试点期间注意积累经验，试点期结束后形成总结报告报民航华北局；指导邯郸机场净空保护日常管理工作，协调建立净空保护长效机制；应急协调处置建（构）筑物超高、干扰机场导航台站电磁环境、突发升空物体等其它影响净空安全行为。

（三）各成员单位：

邯山区、丛台区、复兴区、磁县政府和冀南新区、邯郸经济技术开发区管委会：根据民航法规相关要求，会同邯郸机场制定完善净空区建设项目审核审批机制，形成文字规定，并配合民航系统进行净空试点检查工作；负责本辖区净空保护宣传，定期组织净空区内村镇张贴净空宣传图片、警示标语等；负责作为本辖区净空违法事件执法主体对建设超高建（构）筑物、升空广告飞艇、测绘航模、动力伞，施放风筝、孔明灯，燃放升空爆竹、烟花、焰火，放飞信鸽，机场周边种植高大树木等影响航空安全的行为进行有效监管，落实责任，确保净空安全；负责本辖区净空不安全突发事件应急处置，及时消除安全隐患。

市委宣传部：负责会同邯郸机场制定净空宣传方案，组织新闻媒体开展净空法规和净空保护知识宣传教育活动，提高公民净空保护意识；牵头组织新闻媒体开展每年2月份净空区禁止施放孔明灯、燃放升空烟花爆竹专项宣传月活动和每年4月、9月净空区禁止施放风筝、放飞信鸽等专项宣传月活动；净空区发生其它影响净空不安全事件时，及时曝光。

市政府督查室：负责在发生障碍物超高、干扰机场导航台信号、升空广告艇等影响航行安全事件时，根据市净空委协调处理进度要求，及时督导相关县（区）政府及单位立即采取措施并消除安全隐患。

市交通运输局（邯郸机场）：负责贯彻民航净空保护方针政策，对邯郸机场净空保护日常管理工作进行督导；定期组织机场净空区超高障碍物排查，发现超高障碍物及时上报市净空办；协助市净空办对相关县（区）政府及部门建立净空保护长效机制；

负责邯郸机场日常净空保护管理工作，完善巡查制度；加强净空管理人才培养，配合相关部门做好沟通和净空管理技术支持。

市规划局：根据民航法规和市净空试点相关要求，会同邯郸机场制定完善净空区建设项目审核审批机制，形成文字规定，并配合民航系统进行净空试点检查工作；负责向社会公布邯郸机场净空保护区范围、要求；负责加强净空区内的建设项目在建设和验收环节监督检查，对不符合净空限高要求的，立即责令整改并依法查处。

市安全监管局：负责对邯郸机场净空安全形势进行跟踪检查，对邯郸机场净空保护工作给予指导。

市公安局：负责对净空区内燃放升空爆竹、烟花、焰火等影响航空安全的行为进行查处；配合相关单位做好应急处置超高障碍物事件现场治安工作。

市城管执法局：负责净空区超高建（构）筑物处置工作。对净空区超高的建（构）筑物，责令产权单位立即拆除；当场不能拆除的，产权单位应及时采取安装航空障碍标志等措施降低其影响，并责令产权单位限期拆除；负责应急处置影响目视飞行的城市灯光、亮化、激光射灯、探照灯等，并与邯郸机场建立畅通的沟通机制；负责对净空区未按照民航规范标准设置航空障碍灯的行为进行查处，并责令产权单位限期整改，整改方案由邯郸机场报民航河北监管局备案。

市建设局：负责对净空区影响净空安全的建设活动进行查处，并配合相关单位做好对超高建（构）筑物的应急处置工作。

市环境保护局：负责对机场净空区内排放大量烟雾、粉尘、火焰、废气，焚烧产生大量烟雾的农作物秸秆，机场周边设置露天垃圾场等影响飞行安全的行为进行监督检查，并依法查处。

市体育局：负责会同邯郸机场制定动力伞、滑翔伞、测绘航模、广告飞艇等升空活动项目限制区域及要求并公布；负责协调建立升空体育活动举办单位或个人与邯郸机场建立沟通机制，举办单位或个人在升空活动举行前至少一周取得机场同意；负责协调相关放飞鸟类协会（如信鸽协会）与邯郸机场建立沟通机制。

市气象局：负责会同邯郸机场制定无人驾驶的自由气球、系留气球等活动限制区域及要求，并对外公布；净空区内升放无人驾驶的自由气球、系留气球时，至少提前一周取得机场同意。

邯郸无线电管理局：负责对机场周边区域无线电台站的审批，审批前需征求民航管理部门意见；负责对干扰民航专用频率无线电设备（设施）的行为进行查处。

三、工作要求

市机场净空保护联席会议原则上每半年召开一次，市净空办视情况确定召开时间、议题、参加人员范围，以增加联席会议的针对性和有效性。

市净空保护联席会议成员单位及相关县（区）政府要明确分管领导并随分管领导变化后自动替补，指派一名联络员负责联络工作。

市净空保护联席会议以《会议纪要》形式明确会议议定事项，经与会单位会签后印发各成员单位，各成员单位要按照各自职责积极贯彻落实。

五、机场的服务

中华人民共和国民用航空法（节选）

【发布日期】2017.11.04
【实施日期】2017.11.05
【效力级别】法律
【发文字号】主席令第81号

第六十六条 供运输旅客或者货物的民用航空器使用的民用机场，应当按照国务院民用航空主管部门规定的标准，设置必要设施，为旅客和货物托运人、收货人提供良好服务。

第六十八条 民用航空器使用民用机场及其助航设施的，应当缴纳使用费、服务费；使用费、服务费的收费标准，由国务院民用航空主管部门制定。

民用机场管理条例（节选）

【发布日期】2009.04.13
【实施日期】2009.07.01
【效力级别】行政法规
【发文字号】国务院令第 553 号

第三十三条　机场管理机构统一协调、管理运输机场的生产运营，维护运输机场的正常秩序，为航空运输企业及其他驻场单位、旅客和货主提供公平、公正、便捷的服务。

机场管理机构与航空运输企业及其他驻场单位应当签订书面协议，明确各方在生产运营、机场管理过程中以及发生航班延误等情况时的权利和义务。

第三十四条　机场管理机构应当组织航空运输企业及其他驻场单位制定服务规范并向社会公布。

第三十五条　机场管理机构应当按照国家规定的标准配备候机、餐饮、停车、医疗急救等设施、设备，并提供相应的服务。

第三十六条　机场管理机构应当与航空运输企业、空中交通管理部门等单位建立信息共享机制，相互提供必要的生产运营信息，及时为旅客和货主提供准确的信息。

第三十七条　机场管理机构、航空运输企业以及其他驻场单位应当采取有效措施加强协调和配合，共同保证航班正常运行。

航班发生延误，机场管理机构应当及时协调航空运输企业及其他有关驻场单位共同做好旅客和货主服务，及时通告相关信息。航空运输企业及其代理人应当按照有关规定和服务承诺为旅客和货主提供相应的服务。

第四十条　民用航空管理部门和机场管理机构应当建立投诉受理制度，公布投诉受理单位和投诉方式。对于旅客和货主的投诉，民用航空管理部门或者机场管理机构应当自受理之日起10个工作日内作出书面答复。

第七十五条　违反本条例的规定，有下列情形之一的，由地区民用航空管理机构责令改正，处2万元以上10万元以下的罚款：

（一）机场管理机构不按照国家规定的标准配备候机、餐饮、停车、医疗急救等设施、设备，并提供相应的服务；

（二）航班发生延误时，机场管理机构、航空运输企业以及其他驻场单位不按照有关规定和服务承诺为旅客和货主提供相应的服务。

北京市物价局关于调整北京首都国际机场停车楼计时收费方式的通知

【发布日期】2001.12.24
【实施日期】2001.12.24
【效力级别】地方规范性文件
【发文字号】京价（收）字〔2001〕454号

北京首都国际机场：

为整顿首都机场航站楼前交通秩序，根据北京市政府《关于研究整顿首都国际机场交通秩序的会议纪要》要求，现将调整北京首都国际机场停车楼计时收费的有关规定通知如下：

一、临时停车收费小型机动车由现行第一小时 6 元，以后每半小时 5 元调整为第一小时前三十分钟不收费，超过三十分钟 6 元，一小时后仍按每半小时 5 元收费。大型机动车计费方式、收费标准仍执行现行规定即第一小时 10 元，以后每半小时 10 元。上述标准不足半小时按半小时计算。

二、北京首都国际机场停车楼可根据临时停车收费标准制定长期包租及其他优惠停车收费标准。

三、北京首都国际机场停车楼计费方式调整后，应在停车楼入口处明码标价，严格执行新计时收费规定。

四、北京市物价局《关于调整北京首都国际机场停车楼收费标准的通知》（京价（收）字〔2000〕192 号）文件同时废止。

北京市物价局关于调整北京首都国际机场停车楼收费标准的通知

【发布日期】2000.04.29
【实施日期】2000.05.01
【效力级别】地方规范性文件
【发文字号】京价（收）字〔2001〕192 号

北京首都国际机场：

为进一步加强北京首都国际机场停车楼收费标准与我市公用机动车停车场收费标准的衔接，经市政府批准，调整北京首都国际机场停车楼收费标准。现将有关规定通知如下：

一、临时停车收费标准

小型机动车由现行第一小时 10 元，以后每半小时 5 元调整为第一小时 6 元，以后每半小时 5 元。

大型机动车由现行第一小时 20 元，以后每半小时 10 元调整为第一小时 10 元，以后每半小时 10 元。

上述标准第一小时不足一小时按一小时计算，以后不足半小时的按半小时计算。

二、北京首都国际机场停车楼可根据临时停车收费标准制定长期包租、长期停放或其他优惠停车收费标准。

三、北京首都国际机场停车楼在收费标准调整后，应在停车楼出入口处明码标价，严格执行新的收费标准。

本通知自 2000 年 5 月 1 日起执行。

河北省物价局关于机场停车场收费增设免费时段的通知

【发布日期】2013.09.25
【实施日期】2013.10.01
【效力级别】地方规范性文件
【发文字号】冀价经费〔2013〕22 号

河北省机场管理集团有限公司：

为了减轻群众负担，方便群众出行，经研究，决定对你公司石家庄机场、秦皇岛机场停车场收费增设免费时段，停放时间不超过 15 分钟（含）的各类车辆免收车辆停放服务费，其他收费规定不变。

本通知自 2013 年 10 月 1 日起执行。

河北省物价局

2013 年 9 月 25 日

六、机场的经营

（一）一般经营

中华人民共和国广告法（节选）

【发布日期】2015.04.24
【实施日期】2015.09.01
【效力级别】法律
【发文字号】主席令第 22 号

第四十一条　县级以上地方人民政府应当组织有关部门加强对利用户外场所、空间、设施等发布户外广告的监督管理，制定户外广告设置规划和安全要求。

户外广告的管理办法，由地方性法规、地方政府规章规定。

第四十二条　有下列情形之一的，不得设置户外广告：

（一）利用交通安全设施、交通标志的；

（二）影响市政公共设施、交通安全设施、交通标志、消防设施、消防安全标志使用的；

（三）妨碍生产或者人民生活，损害市容市貌的；

（四）在国家机关、文物保护单位、风景名胜区等的建筑控制地带，或者县级以上地方人民政府禁止设置户外广告的区域设置的。

中华人民共和国招标投标法（节选）

【发布日期】1999.08.30
【实施日期】2000.01.01
【效力级别】法律
【发文字号】主席令第21号

第三条 在中华人民共和国境内进行下列工程建设项目包括项目的勘察、设计、施工、监理以及与工程建设有关的重要设备、材料等的采购，必须进行招标：

（一）大型基础设施、公用事业等关系社会公共利益、公众安全的项目；

（二）全部或者部分使用国有资金投资或者国家融资的项目；

（三）使用国际组织或者外国政府贷款、援助资金的项目。

前款所列项目的具体范围和规模标准，由国务院发展计划部门会同国务院有关部门制订，报国务院批准。

法律或者国务院对必须进行招标的其他项目的范围有规定的，依照其规定。

第四条 任何单位和个人不得将依法必须进行招标的项目化整为零或者以其他任何方式规避招标。

第六条 依法必须进行招标的项目，其招标投标活动不受地区或者部门的限制。任何单位和个人不得违法限制或者排斥本地区、本系统以外的法人或者其他组织参加投标，不得以任何方式非法干涉招标投标活动。

第九条　招标项目按照国家有关规定需要履行项目审批手续的，应当先履行审批手续，取得批准。

招标人应当有进行招标项目的相应资金或者资金来源已经落实，并应当在招标文件中如实载明。

第十二条　招标人有权自行选择招标代理机构，委托其办理招标事宜。任何单位和个人不得以任何方式为招标人指定招标代理机构。

招标人具有编制招标文件和组织评标能力的，可以自行办理招标事宜。任何单位和个人不得强制其委托招标代理机构办理招标事宜。

依法必须进行招标的项目，招标人自行办理招标事宜的，应当向有关行政监督部门备案。

第四十九条　违反本法规定，必须进行招标的项目而不招标的，将必须进行招标的项目化整为零或者以其他任何方式规避招标的，责令限期改正，可以处项目合同金额千分之五以上千分之十以下的罚款；对全部或者部分使用国有资金的项目，可以暂停项目执行或者暂停资金拨付；对单位直接负责的主管人员和其他直接责任人员依法给予处分。

第五十二条　依法必须进行招标的项目的招标人向他人透露已获取招标文件的潜在投标人的名称、数量或者可能影响公平竞争的有关招标投标的其他情况的，或者泄露标底的，给予警告，可以并处一万元以上十万元以下的罚款；对单位直接负责的主管人员和其他直接责任人员依法给予处分；构成犯罪的，依法追究刑事责任。

前款所列行为影响中标结果的，中标无效。

第五十五条　依法必须进行招标的项目，招标人违反本法规定，与投标人就投标价格、投标方案等实质性内容进行谈判的，给予警告，对单位直接负责的主管人员和其他直接责任人员依法给予处分。

前款所列行为影响中标结果的，中标无效。

第六十四条 依法必须进行招标的项目违反本法规定，中标无效的，应当依照本法规定的中标条件从其余投标人中重新确定中标人或者依照本法重新进行招标。

中华人民共和国价格法（节选）

【发布日期】1997. 12. 29
【实施日期】1998. 05. 01
【效力级别】法律
【发文字号】主席令第 92 号

第三条　国家实行并逐步完善宏观经济调控下主要由市场形成价格的机制。价格的制定应当符合价值规律，大多数商品和服务价格实行市场调节价，极少数商品和服务价格实行政府指导价或者政府定价。

市场调节价，是指由经营者自主制定，通过市场竞争形成的价格。

本法所称经营者是指从事生产、经营商品或者提供有偿服务的法人、其他组织和个人。

政府指导价，是指依照本法规定，由政府价格主管部门或者其他有关部门，按照定价权限和范围规定基准价及其浮动幅度，指导经营者制定的价格。

政府定价，是指依照本法规定，由政府价格主管部门或者其他有关部门，按照定价权限和范围制定的价格。

第六条　商品价格和服务价格，除依照本法第十八条规定适用政府指导价或者政府定价外，实行市场调节价，由经营者依照本法自主制定。

第七条 经营者定价，应当遵循公平、合法和诚实信用的原则。

第八条 经营者定价的基本依据是生产经营成本和市场供求状况。

第十八条 下列商品和服务价格，政府在必要时可以实行政府指导价或者政府定价：

（一）与国民经济发展和人民生活关系重大的极少数商品价格；

（二）资源稀缺的少数商品价格；

（三）自然垄断经营的商品价格；

（四）重要的公用事业价格；

（五）重要的公益性服务价格。

第十九条 政府指导价、政府定价的定价权限和具体适用范围，以中央的和地方的定价目录为依据。

中央定价目录由国务院价格主管部门制定、修订，报国务院批准后公布。

地方定价目录由省、自治区、直辖市人民政府价格主管部门按照中央定价目录规定的定价权限和具体适用范围制定，经本级人民政府审核同意，报国务院价格主管部门审定后公布。

省、自治区、直辖市人民政府以下各级地方人民政府不得制定定价目录。

第二十二条 政府价桎主管部门和其他有关部门制定政府指导价、政府定价，应当开展价格、成本调查，听取消费者、经营者和有关方面的意见。

政府价格主管部门开展对政府指导价、政府定价的价格、成本调查时，有关单位应当如实反映情况，提供必需的账簿、文件以及其他资料。

第二十三条 制定关系群众切身利益的公用事业价格、公益性服务价格、自然垄断经营的商品价格等政府指导价、政府定价，应当建立听证会制度，由政府价格主管部门主持，征求消费者、经营者和有关方面的意见，论证其必要性、可行性。

第二十五条　政府指导价、政府定价的具体适用范围、价格水平，应当根据经济运行情况，按照规定的定价权限和程序适时调整。

消费者、经营者可以对政府指导价、政府定价提出调整建议。

第三十九条　经营者不执行政府指导价、政府定价以及法定的价格干预措施、紧急措施的，责令改正，没收违法所得，可以并处违法所得五倍以下的罚款；没有违法所得的，可以处以罚款；情节严重的，责令停业整顿。

北京市民用运输机场管理办法（节选）

【发布日期】2014.10.22
【实施日期】2015.01.01
【效力级别】地方政府规章
【发文字号】北京市人民政府令第 262 号

　　第十四条　机场管理机构应当通过信息显示屏、广播、网络等方式及时发布航班计划、航班实时到达和出发时间、进出机场地区公共交通班次、配套服务设施指南等信息，并与市交通行政部门建立信息共享机制。

　　第十五条　当发生大量旅客滞留时，机场管理机构应当采取措施疏散滞留旅客，同时将滞留情况及时向市交通行政部门、机场所在地的区县人民政府报告；必要时，市交通行政部门、机场所在地的区县人民政府应当组织协调运力，疏散滞留旅客。

　　第十六条　市市政市容行政部门会同机场管理机构编制机场地区户外广告设置规划；在机场地区设置户外广告设施，应当符合机场地区户外广告设置规划。

　　在机场地区户外广告设施上发布户外广告，应当依法办理户外广告登记手续。

　　第十七条　机场所在地的区县市政市容行政部门应当明确机场管理机构、航空运输企业和其他驻场单位市容环境卫生责任区的具体范围和责任要求，督促其做好市容环境卫生工作。

机场管理机构、航空运输企业和其他驻场单位应当明确各自责任区的市容环境卫生责任人，做好责任区内环境卫生工作。

第十八条　机场地区的绿地建设责任单位、管护责任单位应当做好其职责范围内的绿地建设、管护工作。

机场地区的绿地建设责任不明确的，由机场所在地的区县人民政府确定。机场地区的绿地管护责任不明确的，由机场所在地的区县园林绿化行政部门确定。

第十九条　在机场航站楼及其楼前道路和停车场内从事下列可能影响公共秩序的活动，活动的组织者、举办者应当提前报经机场管理机构同意：

（一）开展募捐活动；

（二）进行新闻采访、调查咨询；

（三）现场制作广播电影电视节目；

（四）举办文娱、体育、展览、展销等活动。

未经机场管理机构同意从事本条前款所列活动的，机场管理机构可以进行劝阻。

第二十条　机场管理机构、航空运输企业和其他驻场单位应当按照国家和本市规定的标准配备餐饮、通信、医疗救助等服务设施、设备，履行服务规范和承诺，为旅客提供优质、便捷的服务。

机场管理机构应当组织协调航空运输企业和其他驻场单位做好全市性重大活动或者重要涉外活动在机场内的服务保障工作。

北京市户外广告设置管理办法（节选）

【发布日期】2007.11.23
【实施日期】2004.10.01
【效力级别】地方政府规章
【发文字号】北京市人民政府第 200 号令

第二十一条　本市对设置在城市道路两侧、公路两侧、广场等公共场所（以下简称公共场所）户外广告设施的使用权出让，实行特许经营制度。选择和确定户外广告设施特许经营者，可以依照本市有关特许经营的规定采取招标方式，也可以采取拍卖方式。

对公共场所户外广告设施的使用权采取招标方式出让的，应当按照《中华人民共和国招标投标法》的有关规定执行；采取拍卖方式出让的，应当按照《中华人民共和国拍卖法》的有关规定执行。

对高（快）速公路、长安街延长线（东起复兴门西至首钢总公司东门路段，西起建国门东至通州镇东关大桥路段）、二环路、三环路、四环路、五环路、六环路两侧和首都机场、市区内火车站周边地区、经济技术开发区的公共场所户外广告设施特许经营招标、拍卖工作，由市市政管理行政主管部门负责组织实施；其他公共场所的户外广告设施特许经营的招标、拍卖工作由其所在地区、县市政管理行政主管部门负责组织实施。

北京市标语宣传品设置管理规定（节选）

【发布日期】2007.11.23
【实施日期】2006.03.01
【效力级别】地方政府规章
【发文字号】北京市人民政府第 200 号令

第十一条 在两个和两个以上的区、县范围内设置标语宣传品和在下列地区设置标语宣传品的，由市市政管理行政部门负责审查批准：

（一）天安门广场地区；

（二）长安街、各环路、高速公路；

（三）首都机场、北京西站。

前款规定以外的标语宣传品设置审批，由设置地的区、县市政管理行政部门负责实施。

北京市工商行政管理局关于进一步完善户外广告监管制度的工作意见（节选）

【发布日期】2016.06.20
【实施日期】2016.06.20
【效力级别】地方规范性文件
【发文字号】京工商发〔2016〕39号

一、进一步明确户外广告监管职责

本意见所指户外广告是指利用户外场所、空间、设施等发布的广告，以及利用飞机、火车、地铁、公交等公共交通工具或在公共交通场站区域内发布的广告。本市户外广告监管采用市局、分局、工商所三级户外广告监管体系，各单位应明确自身管理职责，有效开展户外广告监管工作。

二、完善户外广告分类分级监管工作制度

（四）户外广告的案件管辖原则

户外广告案件原则上由发布地的分局管辖。利用飞机、火车发布户外广告或在机场、火车站区域内发布违法户外广告的案件，由机场或火车站所在地分局管辖。

（五）户外广告风险防控

由于户外广告具有受众人数多、传播范围广、社会影响大等特点，为加强户外广告风险防控，各分局、工商所要充分运用各

类行政指导方式，进一步加强对广告经营者或发布者的教育培训，指导广告经营者、发布者依法建立健全广告业务的承接登记、审核、档案管理相关制度，严格落实审核责任，对内容不符或者证明文件不全的广告，不得设计、制作、代理、发布。

对于利用飞机、火车、地铁、公交等公共交通工具发布户外广告或者在公共交通场站、大型商业聚集区、人流高度密集区等违法高风险区域发布户外广告的，具有管辖权的分局、工商所应建立健全户外广告监管及行政指导相关工作制度，加强与相关广告经营者、发布者的业务沟通和交流，进一步强化对广告内容的导向性、合法性、规范性的行政指导，加大监督检查力度，规范户外广告发布行为，努力做到问题早发现、风险能防控。

石家庄正定国际机场发展省级专项资金使用管理办法（含附表）

【发布日期】2016.09.18
【实施日期】2016.09.18
【效力级别】地方规范性文件
【发文字号】冀财资环〔2016〕70号

第一章 总 则

第一条 为贯彻落实京津冀协同发展战略，加快河北民航事业发展，更好发挥财政资金引导作用，加快石家庄正定国际机场（以下简称"石家庄机场"）发展，推动河北省经济转型升级和对内对外开放，依据《预算法》等有关法律法规，制定本办法。

第二条 本办法所称的石家庄机场发展省级专项资金（以下简称"专项资金"）是指省级财政预算安排的，用于扶持石家庄机场发展，提升其综合竞争力的专项补贴资金。

第三条 专项资金的使用管理应遵循下列原则：

（一）绩效导向。补贴资金以机场年度目标任务为主要分配依据，分为固定补贴资金和目标奖励资金两部分，根据年度目标任务完成情况拨付目标奖励资金。

（二）突出重点。以推进机场扩大航空运输规模，完善航线网络布局，提升通达性和便捷性为目标，充分发挥财政资金引导作用，支持航空公司持续稳定发展，加大对贡献度高的经营主体补贴激励力度，提高资金使用效益。

（三）公正公开。坚持公平、公正、公开，确保专款专用，资金使用情况和效果以适当形式予以公开。

第四条 专项资金由财政部门、交通运输部门按照职责共同管理。

省财政厅负责安排年度专项资金财政预算，拨付专项资金，定期掌握专项资金使用情况，加强专项资金监督管理。

省交通运输厅负责核定石家庄机场年度目标任务完成情况，出具专项资金拨款函，督导提高专项资金使用效益，对专项资金使用进行监督检查。

河北机场集团负责按照本办法规定和资金额度统筹使用专项资金，提高专项资金使用效益，定期报告专项资金具体使用管理和绩效情况。

第二章 适用范围

第五条 依据《关于全省机场航线网络布局的指导意见》，支持新增客货运航线航班，强化石家庄机场枢纽建设，具体适用范围：

（一）新开航线航班。是指新开辟的始发和经停石家庄的航线航班，包括定期航班和固定航班。定期航班是指航班性质为定期，且国内航线结算期内至少达到每周 2 班的航班，国际及地区航线结算期内至少达到每周 1 班的航班；固定航班是指未列入航班计划表的不定期航班或包机航班，且在结算期内至少达到每周 1 班。

（二）原有航线新增航班。是指石家庄机场在飞航线基础上的新增航班。

（三）国内支线航班（含省内航线）。是指石家庄机场至国内年旅客吞吐量 500 万人次以下机场的航线航班（省内航线是指省会通往省内其他支线机场航线）。

（四）重点航线航班。是指为加强石家庄市与其他城市间的经贸文化往来，应省、石家庄市政府要求开通的航线航班。

第六条　航空公司新增过夜飞机，主要是指以航空公司上一年度末在石家庄机场投放的过夜运力为基础，每天在石家庄机场飞行不少于 4 个航班架次的新增过夜飞机。

第七条　支持发展石家庄机场多式联程联运，对推进石家庄机场客运联程、货运联运业务的企业给予补贴，具体适用范围：

（一）空铁联运补贴。是指给予旅客通过高铁交通方式在石家庄机场乘坐航班进出港的补贴。

（二）旅客直通车补贴。是指对经营周边地区至石家庄机场旅客直通车班线运输企业的补贴。

（三）货运公路运输补贴。是指货运公路运输企业或货运代理企业与石家庄机场签订协议，对石家庄机场集散航空货物做出突出贡献的，根据协议给予补贴。

第八条　支持发展航空旅游，对参与的旅行社企业给予补贴。具体适用范围是旅行社专项奖励，主要是指对旅行社组织航空旅游客源从石家庄机场进出港，增加旅客吞吐量的专项资金奖励。

第九条　支持航空公司、航空货运代理企业及包机人在石家庄机场开展客货运输业务，具体适用范围：

（一）基地航空公司奖励。是指为支持基地航空公司在石家庄机场发展，基地航空公司与石家庄机场签订年度目标协议，根据协议约定给予一定的专项资金奖励。

（二）非基地航空公司及包机人特殊奖励。是指非基地航空公司或包机人与石家庄机场签订年度目标协议，根据协议约定给予一定的特殊奖励。

（三）包机人。是指承租航空公司的飞机，且运营开通石家庄机场客、货运航线的企业。

（四）航空货运代理企业。是指年度内在石家庄机场出港的国内或国际货物 1000 吨以上的企业。

第三章　补贴标准

第十条　新开客、货运航线航班的培育期为三年。其中，第一年按标准全额补贴，第二年按标准的80%补贴，第三年按标准的50%补贴。原有客、货运航线新增航班的培育期为两年。其中，第一年按标准全额补贴，第二年按标准的50%补贴。培育期内停航又重新开航的航线航班，按实际补贴月份累加计算培育期。

第十一条　新开客运航线补贴标准：

（一）新开国内航线

1. 新开国内定期航线：机型60座（含）以下的，每航班补贴不超过2万元；机型在60-200座（含）之间的，每航班补贴不超过4万元；机型在200座以上的或高原航线，每航班补贴不超过6万元。新开石家庄始发直达航线800公里以上或新开国内支线航班，每航班在上述补贴标准基础上再增加1万元。经停石家庄的航线按照上述补贴标准的1.5倍执行。新开河北省内定期航线，每航班补贴不超过4万元。

2. 新开国内固定航线：每班补贴标准不超过新开国内定期航线各相应标准的70%。

（二）新开港澳台地区航线

1. 新开港澳台地区定期航线，每航班补贴不超过6万元。

2. 新开港澳台地区固定航线，每航班补贴不超过4万元。

（三）新开国际航线

1. 新开国际定期航线，机型200座（含）以下的亚洲航线，每航班补贴不超过9万元；机型200座以上的亚洲航线，每航班补贴不超过14万元；机型200座（含）以下的洲际航线，每航班补贴不超过26万元；机型200座以上的洲际航线，每航班补贴不超过40万元。

2. 新开国际固定航线，执行新开国际定期客运航线相应补贴标准的70%。

第十二条 新开货运航线补贴标准：

（一）新开国内航线

1. 新开国内定期航线，每航班补贴不超过 6 万元。

2. 新开国内固定航线，每航班补贴不超过 4 万元。

（二）新开亚洲、港澳台地区航线

1. 新开亚洲、港澳台地区定期航线，商务载重量 30 吨（含）以下的，每航班补贴不超过 15 万元；商务载重量 30 吨以上的，每航班补贴不超过 20 万元。

2. 新开亚洲、港澳台地区固定航线，每班补贴标准不超过新开亚洲、地区定期航线相应补贴标准的 60%。

（三）新开洲际航线

1. 新开洲际定期航线，商务载重量 50 吨（含）以下的，每航班补贴不超过 20 万元，商务载重量 50 吨以上的，每航班补贴不超过 30 万元。

2. 新开洲际固定航线，每班补贴标准不超过新开洲际定期航线相应补贴标准的 60%。

第十三条 原有客运航线新增航班补贴标准：

（一）原有国内定期航线新增航班，机型 60 座（含）以下的，每增加一个航班补贴不超过 1 万元；机型在 60-200 座（含）之间的，每增加一个航班补贴不超过 2 万元；机型在 200 座以上的或高原航线，每增加一个航班补贴不超过 4 万元。原有国内定期支线新增航班，每航班在上述补贴标准基础上再增加 1 万元。经停石家庄的航线按照上述补贴标准的 1.5 倍执行。原有河北省内定期航线新增航班，每增加一个航班补贴不超过 3 万元。

（二）原有港澳台地区定期航线新增航班，每增加一个航班补贴不超过 3 万元。

（三）原有国际定期航线新增航班，机型 200 座（含）以下的亚洲航线，每增加一个航班补贴不超过 5 万元；机型 200 座以上的亚洲航线，每增加一个航班补贴不超过 8 万元；机型 200 座

（含）以下的洲际航线，每增加一个航班补贴不超过 14 万元；机型 200 座以上的洲际航线，每增加一个航班补贴不超过 24 万元。

第十四条 原有货运航线新增航班补贴标准：

（一）原有国内定期货运航线新增航班，每增加一个航班补贴不超过 3 万元。

（二）原有亚洲、港澳台地区定期货运航线新增航班，商务载重量 30 吨（含）以下的，每增加一个航班补贴不超过 8 万元；商务载重量 30 吨以上的，每增加一个航班补贴不超过 12 万元。

（三）原有洲际定期货运航线新增航班，商务载重量 50 吨（含）以下的，每增加一个航班补贴不超过 15 万元；商务载重量 50 吨以上的，每增加一个航班补贴不超过 20 万元。

第十五条 新增过夜飞机补贴标准：以航空公司上一年度末过夜飞机数量为基数，机型在 100 座（含）以下的每增加 1 架飞机，奖励不超过 2000 元/夜；机型在 100-150 座（含）的每增加 1 架飞机，奖励不超过 4000 元/夜；机型在 150 座以上的每增加 1 架飞机，奖励不超过 6000 元/夜。

第十六条 空铁联运补贴标准：对旅客通过高铁交通方式在石家庄机场乘坐航班进出港，给予高铁车票补贴，补贴标准不超过动车、高铁二等座。

第十七条 旅客直通车补贴标准：对石家庄机场新开通的周边地区旅客直通车，给予直通车运输企业运营补贴，150 公里以下不超过 400 元/班；150 公里（含）以上不超过 600 元/班，期限不超过一年。

第十八条 货运公路运输补贴标准：单程在 100 公里至 200 公里（含），按照载运货量每公斤补贴不超过 0.2 元；单程在 200 公里至 500 公里（含），按照载运货量每公斤补贴不超过 0.4 元；单程在 500 公里至 1000 公里（含），按照载运货量每公斤补贴不超过 0.6 元；单程在 1000 公里以上的，按照载运货量每公斤补贴不超过 0.8 元。

第十九条　旅行社专项奖励标准：

（一）具有法人资格并在石家庄市进行工商注册的旅行社，在完成与石家庄机场签订的年度基本运量的基础上，根据协议约定对超出部分每人次奖励不超过50元。

（二）具有法人资格的外埠旅行社，与石家庄机场签订协议，组织团队从石家庄机场进港或出港，给予每人次不超过50元奖励。

第二十条　包机人补贴标准为：包机人整架包机，并满足定期航班和固定航班条件，补贴标准依据本办法第十至第十三条相关规定，按实际班次计算给予补贴，不再对航空公司重复补贴。

第二十一条　航空货运代理企业补贴标准：对国际出港货物全年达到1000吨以上的货运代理企业，对于比上一年的增量部分，给予每公斤不超过0.5元的补贴。组织货物在石家庄机场空空中转的货运代理企业，按照货量给予每公斤不超过2元的补贴。

第二十二条　航空公司及包机人奖励标准：

（一）基地航空公司的国际和地区航线，省内支线及国内支线等航线，按照第十一条至第十四条补贴标准给予补贴。基地航空公司其他航线补贴，按照基地公司与石家庄机场签订年度目标协议，根据协议约定给予一定的专项资金奖励，以基地航空公司上一年度完成旅客吞吐量为基数，本年度相对于基数的增量部分给予每人次不超过240元资金奖励。

（二）非基地航空公司及包机人特殊奖励额度根据与石家庄机场签订的协议确定。一般不超过非基地航空公司及包机人可同时享受其他补贴总额的20%。

（三）在石家庄机场执行临时货运包机的航空公司或包机人，按照在石家庄机场进出港的货量给予奖励，标准为每公斤不超过5元。执行临时货运包机的航空公司或包机人不同时享受其它补贴。

第二十三条　如遇特殊情况需要超出本办法标准上限，河北机场集团上报省交通运输厅，省交通运输厅会同省财政厅研究提出意见报省政府批准后执行。

第四章　资金使用及拨付

第二十四条　目标任务。年度目标任务包括旅客、货邮吞吐量两个指标（2016—2020 年分年度目标任务详见附表）。因其他不可控因素等造成的分年度目标任务调整，应经省交通运输厅、省财政厅同意后执行。

第二十五条　资金安排。机场发展专项资金分为固定补助资金和目标奖励资金。其中固定补助资金占 80%，当年拨付。目标奖励资金占 20%，列入下年度预算。

第二十六条　固定补助资金拨付。省财政厅根据省交通运输厅出具的拨款函，及时履行拨款手续。每年 3 月份、6 月份、10 月份分别拨付固定补助资金的 60%、20%、20%。

第二十七条　目标奖励资金拨付。每年 3 月份，河北机场集团向省交通运输厅提出石家庄机场上年度目标奖励资金拨款申请，省交通运输厅对石家庄机场年度目标任务完成情况进行审核确认后，向省财政厅出具拨款函。目标奖励资金额度的确定：以上年度实际完成数为基数，全额完成年度目标增长任务，拨付全部目标奖励资金；完成年度目标增长任务 50%（含）至 100%，拨付目标奖励资金的 50%；年度目标增长任务 50% 以下，不予拨付目标奖励资金。

第五章　绩效管理

第二十八条　专项资金的总体绩效目标是：积极优化完善航线网络布局，加快推进石家庄机场联程联运发展，尽力分流首都国际机场非国际枢纽功能航线航班，不断增强航空运输企业运营积极性，培育石家庄机场成为千万人次级枢纽机场，发展航空快件集散形成区域航空物流枢纽，到 2020 年，旅客、货邮吞吐量分别达到 1100 万人次、8 万吨。

第二十九条　专项资金应根据总体绩效目标设置绩效指标。绩效指标主要包括资金管理指标、产出指标和效果指标。资金管理指标包括资金到位情况、资金支出进度、资金管理规范性等；产出指标包括石家庄机场年度旅客吞吐量、货邮吞吐量、航线网络通达性等目标；效果指标包括经济效益、社会效益。

第三十条　河北机场集团编制年度绩效预算，并开展年度专项资金绩效自评，每年 3 月份向省交通运输厅、省财政厅报送绩效评价报告。省交通运输厅会同省财政厅适时组织开展专项资金绩效评价。绩效评价结果作为下年度专项资金预算安排重要参考依据。

第六章　监督检查

第三十一条　专项资金应严格按照规定的用途使用，不得擅自挤占、截留和挪用。

第三十二条　河北机场集团每季度向省交通运输厅报送石家庄机场运输生产发展情况，每半年将专项资金使用情况分别报省财政厅、省交通运输厅。

第三十三条　对违反本办法规定，截留、挪用、骗取专项资金的，依照《中华人民共和国预算法》、《财政违法行为处罚处分条例》以及相关法律规定处理。

第七章　附　则

第三十四条　本办法自发布之日起执行，有效期五年。

第三十五条　经省政府批准、已经签订相关协议支持石家庄机场航线航班发展的，省级财政资金使用管理按协议执行，协议执行完毕后，遵照本办法执行。

第三十六条　本办法由省财政厅会同省交通运输厅负责解释。

附表：

石家庄机场 2016—2020 年分年度目标任务明细表

年份	旅客吞吐量 （万人次）	货邮吞吐量 （万吨）
2016 年	660	5
2017 年	780	5.6
2018 年	880	6.4
2019 年	1010	7.3
2020 年	1100	8

备注：年度目标任务的审核确认按统一折算后的旅客吞吐量计算，货邮折算旅客吞吐量按照国家民航局有关规定执行。

关于河北机场管理集团有限公司纳入省政府国资委履行出资人职责企业名单的公告

【发布日期】2004.03.05
【实施日期】2004.03.05
【效力级别】地方规范性文件
【发文字号】河北省政府国有资产监督管理委员会公告
2004 年第 1 号

　　根据省政府《关于成立河北机场管理集团有限公司的批复》（冀政函〔2004〕1 号），河北机场管理集团有限公司纳入省政府国有资产监督管理委员会履行出资人职责的企业名单。

　　特此公告。

（二）有偿转让经营权及机场特许经营

民用机场管理条例（节选）

【发布日期】2009.04.13
【实施日期】2009.07.01
【效力级别】行政法规
【发文字号】国务院令第553号

第三十八条 机场范围内的零售、餐饮、航空地面服务等经营性业务采取有偿转让经营权的方式经营的，机场管理机构应当按照国务院民用航空主管部门的规定与取得经营权的企业签订协议，明确服务标准、收费水平、安全规范和责任等事项。

对于采取有偿转让经营权的方式经营的业务，机场管理机构及其关联企业不得参与经营。

第七十六条 违反本条例的规定，机场管理机构及其关联企业参与经营采取有偿转让经营权的方式经营的业务的，由地区民用航空管理机构责令改正，处10万元以上50万元以下的罚款；有违法所得的，没收违法所得。

江苏省民用航空条例（节选）

【发布日期】2017.01.18
【实施日期】2017.07.01
【效力级别】省级地方性法规
【发文字号】江苏省人大常委会公告第 52 号

第二十四条 运输机场地区零售、餐饮、航空地面服务等经营性业务，机场管理机构可以按照国家规定有偿转让经营权。机场管理机构应当按照公平竞争、满足大众消费需求的原则，与取得经营权的零售、餐饮等经营者签订协议，明确服务标准、价格水平、安全规范和责任等事项。

第二十五条 在运输机场地区取得经营权的经营者应当遵守相关法律、法规规定，遵循诚实信用原则，合理定价、明码标价，不得从事不正当竞争，不得销售假冒伪劣商品。

机场管理机构应当对取得经营权的经营者履行协议的情况进行监督。

工商行政管理、食品药品监督、价格等部门应当依法对运输机场地区经营活动进行监督管理。

上海市民用机场地区管理条例（节选）

【发布日期】2011.09.22
【实施日期】2011.12.01
【效力级别】省级地方性法规
【发文字号】上海市人民代表大会常务委员会公告第 38 号

第四十条　机场管理机构依法享有的在其土地使用权范围内的经营权，可以通过土地使用权有偿转让或者场地设施出租等方式，将土地或者场地、设施转让给其他企业、机构，从事与航空运输服务有关项目的开发、经营和使用。

机场管理机构需要向其他企业转让与航空运营有关的项目专营权的，应当遵守国家有关规定，并通过招标的方式择优选择。

第四十五条　机场管理机构应当依照公平竞争、满足不同层次消费需求的原则，与取得经营权的餐饮、零售等企业签订协议，明确服务标准、收费水平、安全规范和责任等事项。

重庆市民用机场管理办法（节选）

【发布日期】2012.09.14
【实施日期】2012.11.01
【效力级别】地方政府规章
【发文字号】重庆市人民政府令第 266 号

第八条 依法获准使用机场总体规划范围内土地的，应当按照批准的用途使用。确需改变土地用途或者建筑物使用性质的，应当依法办理审批手续。

任何单位和个人申请使用机场地区外、机场总体规划范围内土地的，有关行政主管部门在审批时，应当征求机场管理机构的意见。

机场管理机构使用、经营机场地区的土地，转让土地使用权和经营权，应当符合机场总体规划和批准的土地用途以及国家有关转让土地使用权和经营权管理规定，服从和服务于航空运输发展需要。

第二十四条 机场管理机构对机场地区范围内的停车、广告、客运、零售、餐饮、通信和航空地面服务等经营性业务，可以按照国家规定有偿转让经营权。

机场管理机构有偿转让经营权应当按照国务院民用航空主管部门的规定与取得经营权的企业签订协议，明确服务标准、收费水平、安全规范和责任等事项。

经营单位和个人在经营过程中应当遵守法律、法规的规定，接受工商、价格等主管部门的监督。

深圳市宝安国际机场管理办法（节选）

【发布日期】2006.03.27
【实施日期】2006.05.01
【效力级别】地方政府规章
【发文字号】深圳市人民政府令第 148 号

第十条　机场管理机构负责机场的安全保障、运营服务、环境保护和公共事务管理等工作，具体承担以下主要职责：

（一）根据本市及周边地区经济社会发展的需要，保持安全正常运营，为承运人、旅客、货主等机场使用者提供安全、公平、优质的服务；

（二）以审慎的商业原则经营机场，采取包括授予特许经营权形式在内的各种方式，引进社会商业组织参与经营和发展机场服务，满足民航客货运输业务发展的需要；

（三）根据民用航空法律、法规和规章以及本办法的规定，制订机场内各项管理规则并经空港委审定后组织实施；

（四）参与编制、修订机场总体规划，并按照机场总体规划和安全要求对驻场各单位在机场内的建设进行监督管理；

（五）按照依法批准的机场总体规划和空港委的决定，组织机场的建设和发展，依法管理和使用机场范围内的土地；

（六）负责机场控制区的安全和管理，维护机场区域内的安全和正常生产秩序；

（七）负责航空器活动区内航空器的拖曳和停放管理；

（八）履行机场范围内的社会治安综合治理、护卫、消防、净空和市容环境卫生保护等职能，并受市政府有关部门的委托行使有关行政处罚权；配合有关部门做好机场地区外的环境保护和净空管理工作；

（九）组织编制和修订机场广告规划，配合有关主管部门管理机场地区户内、户外广告。

第三十二条　机场管理机构享有机场运营服务的特许经营权，负责机场各项生产运营活动的统一协调管理。

未经机场管理机构同意或者授权，任何单位或者个人不得在机场内从事或者提供任何经营服务；不得在机场内张贴、散发宣传品；不得进行募捐活动；不得进行商业目的的演讲、集会或者任何形式的售卖活动。

第三十三条　机场管理机构应当依照鼓励竞争、反对和限制垄断的原则，在确保机场安全和正常运营的条件下，对机场服务项目实行自营、有偿转让特许经营权等多种经营模式。

机场管理机构可以通过出租方式，将场地、设施租赁给其他企业、机构，从事与航空运输服务有关项目的开发、经营和使用，也可以向其他企业转让与机场运营服务有关项目的特许经营权。

机场管理机构在经营管理机场的活动中，应当严格遵守有关法律、法规和规章，接受上级民用航空主管部门和市政府有关部门的监督管理。

第三十六条　机场管理机构向其他单位转让特许经营权的，应当按照有利于机场服务发展和公平、公正的原则，采取公开招标、拍卖等方式择优选择符合规定条件的经营者，并经市空港委审定后确定。

机场管理机构转让特许经营权的项目范围、特许经营权收费标准，由机场管理机构提出方案，报经市空港委批准后实施。

第三十七条 机场管理机构应当与依法确定的机场特许经营单位签订特许经营协议。

机场管理机构应当为特许经营单位开展特许经营活动提供必要的设施、设备和条件。

特许经营单位应当按照特许经营协议约定和机场地区服务规范的要求开展特许经营活动，并按约定交纳特许经营权费。

七、机场的航空油料供应

民用机场管理条例（节选）

【发布日期】2009.04.13
【实施日期】2009.07.01
【效力级别】行政法规
【发文字号】国务院令第553号

第四十一条 在民用机场内从事航空燃油供应业务的企业，应当具备下列条件：

（一）取得成品油经营许可和危险化学品经营许可；

（二）有符合国家有关标准、与经营业务规模相适应的航空燃油供应设施、设备；

（三）有健全的航空燃油供应安全管理制度、油品检测和监控体系；

（四）有满足业务经营需要的专业技术和管理人员。

第四十二条 申请在民用机场内从事航空燃油供应业务的企业，应当向民用机场所在地地区民用航空管理机构提出申请，并附送符合本条例第四十一条规定条件的相关材料。

地区民用航空管理机构应当自受理申请之日起 30 个工作日内，作出准予许可或者不予许可的决定。准予许可的，颁发民用机场航空燃油供应安全运营许可证；不予许可的，应当书面通知申请人并说明理由。

第四十三条　航空燃油供应企业供应的航空燃油应当符合航空燃油适航标准。

第四十四条　民用机场航空燃油供应设施应当公平地提供给航空燃油供应企业使用。

第四十五条　运输机场航空燃油供应企业停止运输机场航空燃油供应业务的，应当提前 90 日告知运输机场所在地地区民用航空管理机构、机场管理机构和相关航空运输企业。

第七十二条　违反本条例的规定，未取得民用机场航空燃油供应安全运营许可证，在民用机场内从事航空燃油供应业务的，由民用机场所在地地区民用航空管理机构责令改正，处 20 万元以上 100 万元以下的罚款；有违法所得的，没收违法所得。

第七十三条　违反本条例的规定，航空燃油供应企业供应的航空燃油不符合航空燃油适航标准的，由民用机场所在地地区民用航空管理机构责令改正，处 20 万元以上 100 万元以下的罚款；情节严重的，吊销民用机场航空燃油供应安全运营许可证。

第七十四条　违反本条例的规定，运输机场航空燃油供应企业停止运输机场航空燃油供应业务，未提前 90 日告知地区民用航空管理机构、机场管理机构和相关航空运输企业的，由运输机场所在地地区民用航空管理机构处 5 万元以上 25 万元以下的罚款。

第四部分

民用机场安全环境保护

一、机场的净空管理

（一）净空区域保护

中华人民共和国民用航空法（节选）

【发布日期】2017.11.04
【实施日期】2017.11.05
【效力级别】法律
【发文字号】主席令第 81 号

第五十八条　禁止在依法划定的民用机场范围内和按照国家规定划定的机场净空保护区域内从事下列活动：

（一）修建可能在空中排放大量烟雾、粉尘、火焰、废气而影响飞行安全的建筑物或者设施；

（二）修建靶场、强烈爆炸物仓库等影响飞行安全的建筑物或者设施；

（三）修建不符合机场净空要求的建筑物或者设施；

（四）设置影响机场目视助航设施使用的灯光、标志或者物体；

（五）种植影响飞行安全或者影响机场助航设施使用的植物；

（六）饲养、放飞影响飞行安全的鸟类动物和其他物体；

（七）修建影响机场电磁环境的建筑物或者设施。

禁止在依法划定的民用机场范围内放养牲畜。

第五十九条　民用机场新建、扩建的公告发布前，在依法划定的民用机场范围内和按照国家规定划定的机场净空保护区域内存在的可能影响飞行安全的建筑物、构筑物、树木、灯光和其他障碍物体，应当在规定的期限内清除；对由此造成的损失，应当给予补偿或者依法采取其他补救措施。

第六十条　民用机场新建、扩建的公告发布后，任何单位和个人违反本法和有关行政法规的规定，在依法划定的民用机场范围内和按照国家规定划定的机场净空保护区域内修建、种植或者设置影响飞行安全的建筑物、构筑物、树木、灯光和其他障碍物体的，由机场所在地县级以上地方人民政府责令清除；由此造成的损失，由修建、种植或者设置该障碍物体的人承担。

第六十一条　在民用机场及其按照国家规定划定的净空保护区域以外，对可能影响飞行安全的高大建筑物或者设施，应当按照国家有关规定设置飞行障碍灯和标志，并使其保持正常状态。

第六十七条　民用机场管理机构应当依照环境保护法律、行政法规的规定，做好机场环境保护工作。

民用机场管理条例（节选）

【发布日期】2009.04.13
【实施日期】2009.07.01
【效力级别】行政法规
【发文字号】国务院令第 553 号

第四十六条　民用机场所在地地区民用航空管理机构和有关地方人民政府，应当按照国家有关规定划定民用机场净空保护区域，并向社会公布。

第四十七条　县级以上地方人民政府审批民用机场净空保护区域内的建设项目，应当书面征求民用机场所在地地区民用航空管理机构的意见。

第四十八条　在民用机场净空保护区域内设置 22 万伏以上（含 22 万伏）的高压输电塔的，应当按照国务院民用航空主管部门的有关规定设置障碍灯或者标志，保持其正常状态，并向民用机场所在地地区民用航空管理机构、空中交通管理部门和机场管理机构提供有关资料。

第四十九条　禁止在民用机场净空保护区域内从事下列活动：

（一）排放大量烟雾、粉尘、火焰、废气等影响飞行安全的物质；

（二）修建靶场、强烈爆炸物仓库等影响飞行安全的建筑物或者其他设施；

（三）设置影响民用机场目视助航设施使用或者飞行员视线的灯光、标志或者物体；

（四）种植影响飞行安全或者影响民用机场助航设施使用的植物；

（五）放飞影响飞行安全的鸟类，升放无人驾驶的自由气球、系留气球和其他升空物体；

（六）焚烧产生大量烟雾的农作物秸秆、垃圾等物质，或者燃放烟花、焰火；

（七）在民用机场围界外 5 米范围内，搭建建筑物、种植树木，或者从事挖掘、堆积物体等影响民用机场运营安全的活动；

（八）国务院民用航空主管部门规定的其他影响民用机场净空保护的行为。

第五十条 在民用机场净空保护区域外从事本条例第四十九条所列活动的，不得影响民用机场净空保护。

第五十一条 禁止在距离航路两侧边界各 30 公里以内的地带修建对空射击的靶场和其他可能影响飞行安全的设施。

第五十二条 民用航空管理部门和机场管理机构应当加强对民用机场净空状况的核查。发现影响民用机场净空保护的情况，应当立即制止，并书面报告民用机场所在地县级以上地方人民政府。接到报告的县级以上地方人民政府应当及时采取有效措施，消除对飞行安全的影响。

第七十八条 违反本条例的规定，在民用机场净空保护区域内设置 22 万伏以上（含 22 万伏）的高压输电塔，未依照国务院民用航空主管部门的有关规定设置障碍灯或者标志的，由民用机场所在地地区民用航空管理机构责令改正，处 10 万元以上 50 万元以下的罚款。

第七十九条 违反本条例的规定，有下列情形之一的，由民用机场所在地县级以上地方人民政府责令改正；情节严重的，处 2 万元以上 10 万元以下的罚款：

（一）排放大量烟雾、粉尘、火焰、废气等影响飞行安全的物质；

（二）修建靶场、强烈爆炸物仓库等影响飞行安全的建筑物或者其他设施；

（三）设置影响民用机场目视助航设施使用或者飞行员视线的灯光、标志或者物体；

（四）种植影响飞行安全或者影响民用机场助航设施使用的植物；

（五）放飞影响飞行安全的鸟类、升放无人驾驶的自由气球、系留气球和其他升空物体；

（六）焚烧产生大量烟雾的农作物秸秆、垃圾等物质，或者燃放烟花、焰火；

（七）在民用机场围界外5米范围内，搭建建筑物、种植树木，或者从事挖掘、堆积物体等影响民用机场运营安全的活动；

（八）国务院民用航空主管部门规定的其他影响民用机场净空保护的行为。

北京市民用运输机场管理办法（节选）

【发布日期】2014. 10. 22
【实施日期】2015. 01 01
【效力级别】地方政府规章
【发文字号】北京市人民政府令第 262 号

第十条　任何单位和个人都应当依法履行机场净空保护和电磁保护的义务。机场净空保护区域内建设工程施工单位使用临时升空机械时，应当提前书面通知机场管理机构。

北京市民用机场净空保护区域管理若干规定

【发布日期】 2010.09.09
【实施日期】 2010.11.01
【效力级别】 地方政府规章
【发文字号】 北京市人民政府令第223号

第一条 为加强本市民用机场净空保护区域管理，保障飞行安全，根据《民用机场管理条例》等有关法律、法规，结合本市实际情况，制定本规定。

第二条 本规定适用于首都国际机场和本市其他民用机场净空保护区域。

市人民政府和民用机场所在地地区民用航空管理机构，按照有关规定划定本市民用机场净空保护区域，并向社会公布。

第三条 民用机场净空保护区域所在地地区县人民政府负责相关区域内民用机场净空保护管理工作。

市口岸主管部门负责本市民用机场净空保护管理的综合协调工作。

第四条 区县人民政府和民用机场管理机构应当建立并完善巡查、报告、举报等制度，发现影响民用机场净空保护的行为，应当立即制止并依法处理，消除对飞行安全的影响。

区县人民政府和民用机场管理机构应当加强民用机场净空保护的宣传、教育工作，提高公民的净空保护意识。

任何单位和个人都应当依法履行净空保护义务，有权制止、举报影响飞行安全的违法行为。

第五条 区县人民政府应当会同民用机场管理机构，在民用机场净空保护区域设置警示标识。

第六条 本市民用机场净空保护区域内，禁止从事下列活动：

（一）修建靶场、强烈爆炸物仓库等影响飞行安全的建筑物或者其他设施；

（二）设置影响民用机场目视助航设施使用或者飞行员视线的灯光、标志或者物体；

（三）种植影响飞行安全或者影响民用机场助航设施使用的植物；

（四）放飞影响飞行安全的鸟类；

（五）违反规定升放无人驾驶的自由气球、系留气球；

（六）违反规定从事航空模型飞行活动；

（七）违反规定升放风筝、孔明灯或者其他升空物体；

（八）焚烧产生大量烟雾的农作物秸秆、垃圾等物质；

（九）排放大量烟雾、粉尘、火焰、废气等影响飞行安全的物质；

（十）违反规定燃放烟花、焰火；

（十一）在民用机场围界外5米范围内，搭建建筑物、种植树木，或者从事挖掘、堆积物体等影响民用机场运营安全的活动；

（十二）国务院民用航空主管部门规定的其他影响民用机场净空保护的行为。

第七条 市规划行政主管部门应当会同民用航空管理机构、民用机场管理机构根据民航相关技术规范确定民用机场净空保护区域内建设工程的限制高度和其他控制要求。

市规划行政主管部门审批民用机场净空保护区域内超过限制高度或者不符合其他控制要求的建设工程，应当征得民用航空管理机构、民用机场管理机构同意。

第八条　建筑物、构筑物或者设施达到限制高度以及有民航相关技术规范规定的其他影响飞行安全情形的，应当按照国家有关标准设置飞行障碍灯、标志。

建筑物、构筑物或者设施已经安装飞行障碍灯、标志的，管理人应当确保正常使用。飞行障碍灯、标志损坏，管理人不及时修复的，机场管理机构可以先行修复，相关费用由管理人承担。

任何单位和个人不得阻止安装飞行障碍灯、标志，不得影响飞行障碍灯、标志的正常使用。

第十二条　民用机场管理机构应当加强巡查，发现影响民用机场净空保护的行为，应当立即制止，并报告区县人民政府。接到报告的区县人民政府应当及时采取有效措施，消除对飞行安全的影响。

第十三条　违反本规定第六条的，由区县人民政府按照《民用机场管理条例》的规定予以处罚。

第十四条　违反本规定第八条第二款，管理人未保证飞行障碍灯、标志正常使用的，民用机场管理机构应当通知改正，并及时报告区县人民政府。区县人民政府应当责令限期改正；逾期未改正的，处 2 万元罚款。

违反本规定第八条第三款，阻止安装飞行障碍灯、标志，或者影响飞行障碍灯、标志正常使用的，民用机场管理机构应当报告区县人民政府。区县人民政府应当责令改正；拒不改正的，处 2 万元罚款。

第十五条　区县人民政府可以委托区县行政主管部门、乡镇人民政府、街道办事处实施本规定有关行政处罚，并将受委托行政机关和受委托实施行政处罚的内容予以公告。

第十六条　本规定自 2010 年 11 月 1 日起施行。

首都国际机场净空保护工作联席会议工作制度

【发布日期】2013.01.21
【实施日期】2013.01.21
【效力级别】地方规范性文件

为进一步贯彻落实《北京市民用机场净空保护区域管理若干规定》，加强首都国际机场净空保护区域管理，完善各有关部门之间的沟通配合机制，充分发挥首都国际机场净空保护工作联席会议作用，结合工作实际，制定本制度。

一、组织机构

联席会议召集人为市政府主管此项工作的副秘书长。联席会议副召集人单位为北京市人民政府口岸办公室和中国民用航空华北地区管理局。

联席会议其他成员单位为：朝阳区人民政府、通州区人民政府、顺义区人民政府区域、北京市公安局、北京市规划委员会、北京市体育局、北京市人民政府法制办公室、北京市气象局、北京首都国际机场股份有限公司。

二、议事范围

（一）传达市政府和相关国家行业主管部门对净空工作的要求和指示；

（二）通报首都国际机场净空保护工作开展情况，交流工作经验；

（三）确定首都国际机场净空保护近期重点工作事项和工作安排；

（四）研究商讨首都国际机场净空保护难点工作的推进方案和解决办法；

（五）其他需要协调、沟通的工作事项。

三、工作规定

（一）联席会议由召集人牵头，副召集人单位协助组织，原则上每年召开一次，遇有特殊情况和需紧急解决的问题，成员单位可向召集人提出临时召开会议；

（二）联席会议议题由副召集人单位向各成员单位征集，并结合实际工作情况，经召集人同意后确定；

（三）联席会议副召集人单位负责在会后撰写、印发会议纪要，并监督决议贯彻执行情况；

（四）联席会议成员单位要及时向副召集人单位通报相关工作信息和工作推动情况，由副召集人单位汇总并报告召集人；遇有特殊情况，成员单位可单独向召集人进行请示、汇报。

首都国际机场净空保护工作联席会议成员单位工作职责

【发布日期】2013.01.21
【实施日期】2013.01.21
【效力级别】地方规范性文件

一、联席会议副召集人单位职责

1. 北京市人民政府口岸办公室：负责首都国际机场净空保护工作的总体协调；负责按召集人要求，召集并组织净空保护工作联席会议；负责向市政府报告首都国际机场净空保护工作情况。

2. 中国民用航空华北地区管理局：按照《民用机场管理条例》和《北京市民用机场净空保护区域管理若干规定》的规定，指导首都国际机场净空保护区域管理工作，协调相关部门，保证首都国际机场的安全运行。

二、联席会议各成员单位职责

1. 朝阳区、通州区、顺义区人民政府：根据《民用机场管理条例》和《北京市民用机场净空保护区域管理若干规定》的规定，按照属地管理原则，组织、协调和监督所属有关部门做好辖区内机场净空保护工作，并根据北京首都国际机场股份有限公司提供的线索，对违反净空保护的行为进行查处；分别与北京首都国际机场股份有限公司建立关于净空保护区域管理的工作领导小组，由区政府主管领导牵头，区规划分局、区公安分局、区气象局、区城管监察大队等参与机场净空保护区域管理工作的职能部门参加。

2. 北京市公安局：按照国务院《烟花爆竹安全管理条例》、《北京市烟花爆竹安全管理规定》和《北京市民用机场净空保护区域管理若干规定》，对首都国际机场净空保护区域内燃放烟花、焰火安全管理工作开展监督、检查。

3. 北京市规划委员会：按照《民用机场管理条例》和《北京市民用机场净空保护区域管理若干规定》的要求，负责净空保护区域内的建设用地和建设工程的规划管理。

4. 北京市人民政府法制办公室：协调市政府相关部门在民用机场净空保护方面的法律、法规和规章实施过程中存在的争议；指导、监督民用机场净空保护工作的行政复议；对区县政府和市政府有关部门就机场净空保护工作制定的行政规范性文件进行备案，根据不同情况提出处理意见或建议。

5. 北京市体育局：按照《北京市民用机场净空保护区域管理若干规定》，对首都国际机场净空保护区域内信鸽社团会员放飞行为进行监督、清查并实施动态管理及开展其它净空保护相关工作。

6. 北京市气象局：按照《北京市民用机场净空保护区域管理若干规定》的要求，开展首都国际机场净空保护区域内升放无人驾驶的自由气球、系留气球的相关管理工作。

7. 北京首都国际机场股份有限公司：按照《民用机场管理条例》和《北京市民用机场净空保护区域管理若干规定》的要求，负责首都国际机场净空状况的日常巡查工作，及时发现、制止影响民用机场净空保护的违法行为，并书面报告所在区县人民政府。

关于建立保护首都机场净空环境
工作长效机制的通知

【发布日期】2008.07.16
【实施日期】2008.07.16
【效力级别】地方规范性文件
【发文字号】顺政办发〔2008〕50 号

各镇人民政府，地区和街道办事处，区政府各委、办、局，各区属机构：

机场净空是机场的生命线，是保护航班飞行安全的基本适航条件。为了进一步做好首都机场（以下简称"机场"）净空保护工作，长期保障机场的正常运行及民航飞行安全，经过顺义区政府和北京首都国际机场股份有限公司（以下简称"首都机场股份公司"）共同协商，决定建立机场净空保护工作长效机制，切实做好机场净空保护工作，从而进一步保障飞行安全。现就有关事项通知如下：

一、工作目标

通过成立顺义区政府和首都机场股份公司净空保护领导小组，制定定期联席会议制度，将机场净空保护工作作为一项长期任务纳入日常工作，加强行政监管，坚持净空安全隐患预防与查处相结合，切实提高处理突发事件的应急能力，确保机场净空保护工作落到实处，长期保障净空环境的适航和民航飞行安全。

二、组织机构及职责分工

（一）组织领导体系。

机场净空保护工作是一项涉及面广、牵涉单位多、要求高、难度大的系统工程。为了加强对此项工作的组织领导，成立顺义区保护首都机场净空环境协调领导小组（以下简称"领导小组"，具体组成人员名单见附件），负责机场净空保护工作的组织领导、监督指导和检查。领导小组组长由区政府副区长王振江兼任，领导小组办公室（具体组成人员名单见附件）设在首都机场股份公司，具体负责净空保护工作的日常组织和协调。

（二）领导小组成员单位主要职责。

首都机场股份公司负责将经上级主管部门批准的机场总体规划和机场净空障碍物限制图报送规划、建设等有关部门和单位备案，同时对新城用地范围内净空高度确定要求，报送相关审批单位；负责机场净空环境的日常巡查和管理工作；负责对影响飞行安全的鸟类活动进行监测，并及时向领导小组通报信息；制定并实施防范鸟击预案和措施，一旦发生危及飞行安全的鸟类活动时，立即采取驱赶或其他必要措施进行处理；配合顺义区政府定期开展净空保护宣传教育活动。

区应急办负责指导、检查责任单位制定机场净空保护工作应急预案；组织开展必要的应急联动演练，确保紧急情况下配合区有关部门做好应急救助工作。

区安全生产监督局负责顺义境内机场净空保护区域内放养、放飞鸟类动物等影响机场净空安全行为的协调工作；负责监督领导小组各成员单位落实机场净空保护工作；会同相关成员单位督促安全隐患的整改落实；组织各成员单位定期对机场净空保护区域进行联合检查。

区建委负责依据《国务院、中央军委关于保护机场净空的规定》，做好机场净空保护区域范围内建筑工地管理工作，杜绝塔吊等升空机械超高影响飞行安全的事件发生；强化机场净空保护区域内建设项目高度的审核制度；加强审批后的监督、检查和管理，加强对净空保护区域内建设活动的监督和检查。

区市政管委负责对顺义境内设置超出机场净空要求的广告牌的行为进行监督和管理。

区体育局负责信鸽社团组织设立、变更、注销登记前的审查；协助区民政局及相关部门依法查处信鸽社团组织的违法行为；对合法信鸽社团组织开展的竞翔比赛活动依法审批、监督、管理。

区气象局负责依据《北京市施放气球管理办法》（京气发〔2005〕32号），对升放系留气球和无人驾驶自由气球活动进行审批和监督管理，查处违规行为。

区林业局负责机场规划用地范围以外，顺义境内机场净空保护区域内发生危及飞行安全的鸟类活动时，协助机场采取驱赶或其他必要措施进行处理。

市公安局顺义分局负责依据《北京市烟花爆竹安全管理工作领导小组办公室关于加强首都机场周边烟花爆竹安全管理工作的通知》（烟花办字〔2006〕8号）对违法运输、储存及非法燃放烟花、爆竹的行为进行依法管理，依法查处非法燃放烟花、爆竹的行为；负责维护顺义境内机场净空保护区域治安秩序、安全保卫工作。

市工商局顺义分局负责依据《北京市人民政府办公厅关于禁止在首都国际机场净空保护区域内放养影响飞行安全鸟类动物的通知》（京政办发〔2008〕1号）有关规定，在顺义境内机场净空保护区域内不予登记注册从事放养、放飞鸟类动物的企业和个体工商户；负责调查并向领导小组通报顺义境内机场净空保护区域内的信鸽公棚、俱乐部等信息；对无照经营鸟类动物的行为依法查处。

市规划委顺义分局负责依据《国务院、中央军委关于保护机场净空的规定》，将依法划定的机场净空区域纳入顺义区土地利用总体规划和城市规划管理，按照机场净空要求审批新、改、扩建建（构）筑物，并监督其按批准的设计方案建设。

市国土资源局顺义分局负责机场净空保护区域内土地利用、规划等工作。

区动物卫生监督管理局负责鸟类动物疫病监测和防疫、消毒、检疫工作，确保不出现重大动物疫病，保障机场公共卫生安全；负责调查并向领导小组通报顺义境内机场净空保护区域内饲养鸟类动物的情况；加强鸟类动物饲养管理，督促饲养人管好鸟类动物，防止袭击、受哄、惊吓等现象发生，避免影响飞行的安全隐患发生。

区民政局负责信鸽社团组织的审批、监督、管理工作。

区城管监察大队负责依法查处未取得建设工程规划许可证建设建筑物（构筑物）、超出机场净空限制面违反规划设置户外广告牌等违法行为；协助市公安局顺义分局依据《北京市烟花爆竹安全管理工作领导小组办公室关于加强首都机场周边烟花爆竹安全管理工作的通知》（烟花办字〔2006〕8号）有关规定，对机场净空保护区域内违法燃放烟花爆竹的行为予以处罚；依法查处违规放养、放飞鸟类动物的行为。

北京空港建设管理服务中心负责做好相关部门与首都机场股份公司的沟通协调工作。

区信鸽协会负责依据《北京市人民政府办公厅关于禁止在首都国际机场净空保护区域内放养影响飞行安全鸟类动物的通知》（京政办发〔2008〕1号）和《中国信鸽协会关于加强机场周边地区信鸽活动管理的通知》（社体运协字〔2007〕93号）有关规定，负责做好对信鸽协会会员、公棚、俱乐部的宣传教育和组织管理工作；对净空保护区域内信鸽会员进行清查，劝导会员停止放飞信鸽；不在机场净空保护区域内发展新会员；举办信鸽放飞和比赛时远离机场，举办信鸽竞翔活动须向区体育局报批，有关活动需征得航空管制部门同意；取消未经审批的竞翔活动。

各相关镇、街道办事处负责协助有关部门在所辖区域内对违反净空保护规定的行为实施监督、管理和报告；按照属地管理原则，做好饲养鸟类动物居民的宣传教育工作，劝导居民停止放飞鸟类动物，同时加强鸟类动物饲养管理和防、检疫、消毒工作；与饲养鸟类动物的居民签订动物防疫责任书，明确分工，各司其职，确保不出现重大动物疫情，保障首都机场公共卫生安全。

三、工作要求

（一）加强领导，增强责任意识。领导小组要加强对民航安全工作的领导，强化机场净空保护监管责任，确保各项工作落实到位；坚持每年组织召开一次领导小组联席会议，总结工作，查找不足，切实提高处理突发事件的应急能力，长期保障净空环境的适航和民航飞行安全。领导小组办公室每半年组织召开一次办公室成员单位会议，也可根据工作需要召开会议，及时互通情况，沟通信息，研究解决工作中存在的问题。

（二）加强宣传教育，强化机场净空保护。领导小组各成员单位要从源头入手，由基层做起，加强宣传教育，增强广大人民群众的净空保护意识，使群众自发、自觉维护机场净空保护区域的管理安全。

（三）严格监督执法，督促整改事故隐患。领导小组各成员单位要切实履行各自职责，加强巡视监督，加大行政执法力度，坚决杜绝净空安全事件的发生。

领导小组各成员单位要认真履行职责，切实做好机场净空保护工作，共同创造良好的净空环境，有效保障首都机场飞行安全。领导小组办公室将不定期检查各相关镇、街道办事处有关净空保护工作的落实情况。

附件：顺义区保护首都机场净空环境协调领导小组成员名单（略）

首都机场净空保护区域范围

【发布日期】2008.01.04
【实施日期】2008.01.04
【效力级别】地方规范性文件（北京市人民政府办公厅《关于禁止在首都国际机场净空保护区域内放养影响飞行安全鸟类动物的通知》的附件）
【发文字号】京政办发〔2008〕1号

根据《国际民用航空公约》、国家民航行业标准《民用机场飞行区技术标准》（MH5001-2006）等有关规定，首都机场净空保护区域为每条跑道两侧各6公里、两端各15公里范围。按照4条跑道的最终规划，首都机场净空保护区域南北长35.8公里，东西宽15.9公里，东至顺义区仁和地区林河工业区，南至通州区永顺地区范庄村，西至顺义区后沙峪地区罗各庄村，北至顺义区赵全营镇豹房村，总面积约为257.72平方公里。共覆盖顺义区3个街道、6个地区、3个镇管辖的1个工业区、38个社区、98个行政村，朝阳区1个街道、4个地区管辖的6个社区、26个行政村，通州区1个地区、1个镇管辖的9个行政村。具体情况如下：

一、顺义区净空保护区域范围

（一）胜利街道的16个社区：幸福西街社区、义宾街社区、义宾楼第一社区、义宾楼第二社区、前进社区、太平社区、胜利社区、双兴西区第一社区、双兴西区第二社区、西辛社区、西辛第一社区、东兴小区第一社区、东兴小区第二社区、东兴小区第三社区、双兴东区社区、幸福东街社区。

（二）光明街道的 9 个社区：滨河社区、裕龙花园社区、66055 部队家委会、建新北区第一社区、建新北区第二社区、建新北区第三社区、建新南区第一社区、建新南区第二社区、裕龙六区社区。

（三）石园街道的 10 个社区：五里仓第一社区、五里仓第二社区、石园西区社区、石园东区社区、石园北区第一社区、石园北区第二社区、石园南区社区、轻汽家委会、燕京啤酒厂家委会、石园东苑社区。

（四）仁和地区的林河工业区和 19 个行政村：石各庄村、前进村、复兴村、太平村、庄头村、石门村、沙井村、望泉寺村、军营村、梅沟营村、沙坨村、胡各庄村、杨家营村、吴家营村、米各庄村、窑坡村、陶家坟村、平各庄村、临河村。

（五）后沙峪地区的 14 个行政村：罗各庄村、西田各庄村、燕王庄村、西白辛庄村、吉祥庄村、马头庄村、后沙峪村、前沙峪村、东庄村、火神营村、铁匠营村、枯柳树村、回民营村、董各庄村。

（六）天竺地区的 2 个社区和 8 个行政村：莲竹花园社区、莲竹花园第二社区、天竺村、薛大人庄村、楼台村、岗山村、杨二营村、花梨坎村、二十里堡村、小王辛庄村。

（七）南法信地区的 11 个行政村：东海洪村、西海洪村、南卷村、三家店村、东杜兰村、西杜兰村、北法信村、焦各庄村、大江洼村、刘家河村、南法信村。

（八）马坡地区的 11 个行政村：良正卷村、庙尔卷村、衙门村、石家营村、毛家营村、姚店村、马卷村、荆卷村、西马坡村、白各庄村、泥河村。

（九）牛栏山地区的 5 个行政村：前晏子村、姚各庄村、相各庄村、官志卷村、范各庄村。

（十）高丽营镇的7个行政村：张喜庄村、东马各庄村、西马各庄村、夏县营村、南郎中村、水坡村、文化营村。

（十一）李桥镇的1个社区和9个行政村：樱花园社区、英各庄村、南半壁店村、后桥村、庄子营村、洼子村、头二营村、三四营村、张辛村、西树行村。

（十二）赵全营镇的14个行政村：西小营村、北郎中村、前桑园村、后桑园村、白庙村、马家堡村、大官庄村、小官庄村、西陈各庄村、赵全营村、豹房村、稷山营村、西降州营村、板桥村。

二、朝阳区净空保护区域范围

（一）首都机场街道的4个社区：南路西里社区、南路东里社区、西平街社区、南平里社区。

（二）金盏地区的2个居民区和13个行政村：朝阳农场居民区、十六局工程处居民区、雷庄村、东村、西村、小店村、北马坊村、楼梓庄村、沙窝村、黎各庄村、马各庄村、皮村、东窑村、曹各庄村、高安屯村。

（三）孙河地区的6个行政村：孙河村、前苇沟村、后苇沟村、康营村、北店村、西店村。

（四）东坝地区的4个行政村：三岔河村、焦庄村、东晓景村、西晓景村。

（五）常营回族地区的3个行政村：十里堡村、五里桥村、草房村。

三、通州区净空保护区域范围

（一）永顺地区的3个行政村：北马庄村、范庄村、王家场村。

（二）宋庄镇的6个行政村：管头村、吴各庄村、葛渠村、尹各庄村、富豪村、寨里村。

江苏省民用航空条例（节选）

【发布日期】2017.01.18
【实施日期】2017.07.01
【效力级别】省级地方性法规
【发文字号】江苏省人大常委会公告第52号

　　第二十八条　运输机场净空保护区域由运输机场所在地地区民用航空管理机构和运输机场净空保护区域涉及的设区的市人民政府按照国家有关规定划定并公布。运输机场净空保护区域跨行政区域的，其共同上一级人民政府应当做好协调工作。

　　运输机场净空保护区域涉及的设区的市、县（市、区）人民政府应当建立和完善运输机场净空保护工作责任制和协调机制，督促各有关部门和乡镇人民政府按照规定承担保障净空安全的责任。

　　第二十九条　运输机场净空保护区域内的建设项目应当符合净空保护的要求。

　　设区的市、县（市）人民政府城乡规划主管部门审批运输机场净空保护区域内的建设项目，应当书面征求运输机场所在地地区民用航空管理机构的意见。

　　机场管理机构应当将运输机场净空保护的具体要求告知有关设区的市、县（市）人民政府城乡规划主管部门。

　　第三十条　运输机场净空保护区域内禁止下列行为：

（一）修建不符合运输机场净空要求的建筑物、构筑物或者设施；

（二）修建可能向空中排放大量烟雾、粉尘、火焰、废气而影响飞行安全的建筑物或者设施；

（三）修建靶场、强烈爆炸物仓库等影响飞行安全的建筑物或者设施；

（四）排放大量烟雾、粉尘、火焰、废气等影响飞行安全的物质；

（五）露天焚烧秸秆、垃圾等，或者燃放烟花、焰火；

（六）放飞影响飞行安全的鸟类，或者升放无人驾驶的自由气球、系留气球、无人机、孔明灯、风筝和其他升空物体；

（七）设置影响运输机场目视助航设施使用或者飞行员视线的灯光、激光、标志或者物体；

（八）种植影响飞行安全或者影响运输机场助航设施使用的植物；

（九）在运输机场围界外五米范围内，搭建建筑物、种植树木，或者从事挖掘、堆积物体等影响运输机场运营安全的活动；

（十）设置易吸引鸟类及其他动物的露天垃圾场、屠宰场、养殖场等场所；

（十一）法律、法规和国务院民用航空主管部门规定的其他影响运输机场净空保护的行为。

在运输机场净空保护区域外从事前款所列行为的，不得影响运输机场净空保护。对可能影响飞行安全的高大建筑物或者设施，其所有者应当按照国家有关规定设置航空障碍灯和障碍物标志，并使其保持正常状态。

机场管理机构应当加强对运输机场净空状况的核查，发现影响运输机场净空保护的情况，应当立即制止，并书面报告运输机场所在地县级以上地方人民政府。接到报告的县级以上地方人民政府应当及时采取有效措施，消除对飞行安全的影响。

第六十二条 违反本条例第三十条第一款、第二款和第三十二条规定的，由运输机场所在地县级以上地方人民政府或者其指定的行政管理部门责令改正；情节严重的，按照有关法律、法规规定实施行政处罚。

第六十三条 依照本条例履行执法职责的机场管理机构工作人员，在机场管理工作中玩忽职守、滥用职权、徇私舞弊的，依法给予处分；构成犯罪的，依法追究刑事责任。

第六十四条 违反本条例规定，有关行政管理部门的工作人员有下列行为之一的，依法给予处分；构成犯罪的，依法追究刑事责任：

（一）违反净空保护要求审批建设项目的；

（二）不及时查处运输机场净空保护和电磁环境保护违法行为的；

（三）不依照职责查处违法飞行行为的；

（四）挪用、侵占、截留民用航空相关发展资金或者补贴、补助资金的；

（五）其他玩忽职守、滥用职权、徇私舞弊的行为。

湖北省民用机场净空安全保护条例（节选）

【发布日期】2010.12.04
【实施日期】2011.03.01
【效力级别】省级地方性法规
【发文字号】湖北省人民代表大会常务委员会公告第112号

第三条 民用机场所在地的县级以上人民政府应当加强民用机场净空安全工作的领导，建立完善民用机场净空安全保护工作责任制和协调机制，研究解决净空安全工作中的重大事项，将民用机场净空安全保护工作纳入本地安全生产责任目标考核体系，督促各有关部门依法履行净空安全监督管理职责。

民用机场所在地的县级以上人民政府安全生产监督管理部门对民用机场净空安全保护工作实施综合监督管理，对有关部门和下级人民政府的民用机场净空安全保护工作实施指导协调、监督检查。

民用机场所在地的县级以上人民政府规划、住房和城乡建设、公安、农业、环保、林业、国土资源、气象、无线电管理、工商行政管理等有关部门按照各自职责，做好民用机场净空安全保护工作。

民用机场管理机构具体负责所属机场的净空安全保护工作。中国民用航空湖北地区空中交通管理部门（以下简称空中交通管理部门）按照职责，参与民用机场净空安全的管理工作。中国民用航空湖北安全监督管理部门（以下简称民航管理部门）对民用机场净空安全保护工作实施行业监督管理。

第四条　民用机场管理机构应当坚持安全第一、预防为主，建立健全安全生产责任制，制定、完善有关安全生产应急预案，与民用机场所在地的人民政府建立联防机制，共同做好民用机场净空安全保护工作。

第五条　任何单位和个人应当保护民用机场的净空安全，并有权向安全生产监督管理部门或者其他相关部门举报民用机场净空安全隐患或者危害民用机场净空安全的行为。

对民用机场净空安全保护负有监督管理职责的部门应当制定并落实监督检查计划，建立举报制度，受理有关民用机场净空安全的举报，并组织调查核实，依法处理；举报事项涉及民用机场净空安全重大问题的，提请同级人民政府协调解决。

第六条　民航管理部门、民用机场管理机构和民用机场所在地的各级人民政府及其相关部门应当加强民用机场净空安全保护的宣传、教育工作，提高公民对民用机场净空安全保护的意识。

民用机场所在地的乡镇人民政府、街道办事处、村（居）民委员会应当配合做好辖区内民用机场净空安全保护的宣传、教育等相关工作。

第七条　民用机场净空保护区域，是指为保障航空器在机场安全起飞和降落，按照民用机场净空障碍物限制图的要求划设的一定空间范围。

第八条　民用机场管理机构应当按照国家规定和技术标准编制民用机场净空障碍物限制图，报国务院民用航空行政主管部门批准后，送民用机场所在地的县级以上人民政府规划、国土资源行政主管部门备案。

第九条　民航管理部门和民用机场所在地的县级以上人民政府，应当按照国家有关规定划定民用机场净空保护区域，将其纳入当地城乡建设规划和土地利用总体规划管理，并向社会公布。

民用机场新建、扩建前，机场所在地的县级以上人民政府应当在工程动工 6 个月前发布公告，并在当地主要媒体和周边地区刊登、张贴。对可能影响民用机场净空安全的建筑物及设施、树木、灯光或者其他障碍物，由民用机场所在地的县级以上人民政府或者其委托的相关部门组织障碍物所有者在规定的期限内清除、处理。对此造成的损失，应当依法给予补偿或者采取其他补救措施。

民用机场新建、扩建公告发布后，任何单位和个人不得在净空保护区域内修建、种植、设置影响民用机场净空安全的障碍物。

第十条　规划行政主管部门在审批民用机场净空保护区域内的建筑物或者设施项目时，应当书面征求民航管理部门的意见。民航管理部门应当在收到征求意见书之日起 15 日内作出书面答复。

第十一条　在民用机场净空保护区域内，禁止下列行为：

（一）修建超过民用机场净空障碍物限制高度的建筑物或者设施；

（二）修建靶场、爆炸物仓库等影响飞行安全的建筑物或者设施；

（三）排放大量烟雾、火焰、粉尘、废气等影响飞行安全的物质；

（四）设置影响民用机场目视助航设施使用的灯光、标志或者物体；

（五）种植影响飞行安全或者影响民用机场助航设施使用的植物；

（六）在机场围界外 5 米范围内，搭建建筑物或者从事挖掘、堆积物体等影响机场运营安全的活动；

（七）升放无人驾驶自由气球、系留气球和进行飞艇、热气球、滑翔机、动力伞等飞行活动；

（八）放飞影响民用航空安全的鸟类动物和升放风筝、孔明灯等物体；

（九）储存爆炸物品，燃放烟花、爆竹、焰火等；

（十）进行超过净空保护高度要求的爆破或者作业；

（十一）焚烧产生大量烟雾的农作物秸秆、工业废料、垃圾等物质；

（十二）设置易吸引鸟类及其他动物的露天垃圾场、屠宰场、养殖场等场所；

（十三）其他影响民用机场净空安全的活动。

第十二条 在民用机场净空保护区域外，可能影响飞行安全的高大建筑物或者其他设施，其所有权人应当在民用机场管理机构的指导下按照国家有关规定设置飞行障碍灯和标志，并保持正常显示状态。

第十八条 民航管理部门和民用机场管理机构应当加强对民用机场净空状况的核查。发现影响民用机场净空安全的情况，应当立即制止，并书面报告民用机场所在地的县级以上人民政府及相关部门。接到报告的县级以上人民政府及相关部门应当及时采取有效措施，消除对飞行安全的影响。

第二十六条 民用机场新建、扩建公告发布后，任何单位和个人在民用机场净空保护区域内修建、种植、设置影响民用机场净空安全的障碍物，由民用机场所在地的县级以上人民政府或者其委托的相关部门责令限期清除、处理。对此造成的损失，由修建、种植、设置该障碍物的单位和个人承担。

第二十七条 违反本条例第十一条、第二十三条第一款规定的，由民用机场所在地的县级以上人民政府或者其委托的相关部门责令限期改正；情节严重的，处 2 万元以上 10 万元以下罚款。

青岛市民用机场净空和电磁环境保护管理办法（节选）

【发布日期】2015.12.24
【实施日期】2016.02.01
【效力级别】地方政府规章
【发文字号】青岛市人民政府令第 242 号

第三条　本办法所称民用机场净空保护区，是指为了保障民用航空器起飞、降落安全，按照民航技术标准划定的空间范围。

本办法所称民用机场电磁环境保护区，是指为了保障民用航空无线电台（站）的正常工作，按照国家标准和民航行业标准划定，用以排除非民用航空的各类无线电设备和非无线电设施设备等产生的干扰所必需的空间范围，由设置在机场总体规划区域内的民用航空无线电台（站）电磁环境保护区和机场飞行区电磁环境保护区两部分组成。

第四条　市交通运输行政主管部门负责民用机场净空和电磁环境保护的综合协调工作。

城乡建设、规划、无线电管理、城市管理、公安、环保、气象、林业、安全生产监管等部门按照职责做好民用机场净空和电磁环境保护的相关工作。

相关区（市）人民政府以及街道办事处、镇人民政府按照职责做好本辖区内民用机场净空和电磁环境保护的相关工作。

第五条　中国民用航空华东地区管理局及其派出机构中国民

用航空青岛安全监督管理局（以下称民航管理机构）负责民用机场净空和电磁环境保护的行业监督管理工作。

中国民用航空青岛空中交通管理站（以下称民航空管机构）协同青岛国际机场集团有限公司（以下称机场管理机构）做好民用机场净空和电磁环境保护工作。

机场管理机构负责所属民用机场净空和电磁环境保护的日常管理工作。

第六条　民用机场所在地的区（市）人民政府及有关部门、街道办事处、镇人民政府和机场管理机构应当做好本辖区内民用机场净空和电磁环境保护的宣传、教育工作，提高公民的安全保护意识。

任何单位和个人有权向民航管理机构、民航空管机构或者机场管理机构举报民用机场净空和电磁环境安全隐患和危害行为，接到举报的部门应当及时处置，并为举报人保密。

第七条　民航管理机构和市人民政府应当按照国家有关规定划定民用机场净空保护区，并向社会公布。

第八条　机场管理机构应当制作民用机场净空保护区图，确定保护区的范围、限高等技术参数，经民航管理机构批准后报送规划、城市管理等相关行政主管部门。

第九条　市规划行政主管部门应当将民用机场净空保护区范围及其限高要求纳入城乡建设总体规划和控制性详细规划，经批准后组织实施。

第十条　民用机场净空保护区内新建、改建、扩建建（构）筑物，应当符合机场总体规划。规划行政主管部门在审批建设项目时，应当确保其符合机场净空保护要求。建设项目可能影响机场净空保护的，应当书面征求民航管理机构的意见。

第十一条　民用机场净空保护区外的建（构）筑物和其他设施超过限制高度或者按照民航技术标准影响飞行安全的，产权单位或者管理单位应当按照民航技术标准设置障碍灯和标志，并使其保持正常状态。

第十二条　民用机场净空保护区内设置 22 万伏及以上高压输电塔，规划行政主管部门在审批时应当书面征求民航管理机构的意见。建设单位应当按照规定设置障碍灯和标志，使其保持正常状态，并向民航管理机构、民航空管机构和机场管理机构提供有关资料。

第十三条　民用机场净空保护区内未纳入规划审批范围的通信铁塔、塔吊、广告牌、房屋和树木等，其高度应当满足净空安全要求。

第十四条　民用机场净空保护区内，禁止从事下列活动：

（一）修建靶场、强烈爆炸物仓库等影响飞行安全的建筑物或者设施；

（二）设置影响民用机场目视助航设施使用或者飞行员视线的灯光、标志或者物体；

（三）种植影响飞行安全或者影响民用机场助航设施使用的植物；

（四）放飞影响飞行安全的鸟类动物，升放无人驾驶的自由气球、系留气球和孔明灯等其他升空物体；

（五）排放大量烟雾、粉尘、火焰、废气等影响飞行安全的物质；

（六）焚烧产生大量烟雾的农作物秸秆、垃圾等物质，或者燃放影响飞行安全的烟花、焰火；

（七）在民用机场围界外 5 米范围内，搭建建（构）筑物、种植树木，或者从事挖掘、堆积物体等影响民用机场运营安全的活动；

（八）法律法规规定的其他影响民用机场净空保护的行为。

在民用机场净空保护区外从事上述活动的，不得影响民用机场净空保护。

第十五条　在机场跑道两侧各 1 公里和两端各 3 公里的范围

内，禁止从事下列活动：

（一）放飞风筝；

（二）燃放烟花、焰火；

（三）吊车等移动物体作业高度超过机场净空限高。

第十六条　在机场跑道两侧各 1 公里和两端各 10 公里范围内，禁止影响飞行安全的地面可见激光对空照射。

第十七条　在机场跑道两侧和两端各 4 公里范围内，禁止下列活动：

（一）设置露天垃圾场；

（二）饲养鸟类影响飞行安全的；

（三）放飞热气球；

（四）进行滑翔伞、动力伞飞行。

第二十条　新建、扩建民用机场，应当由市人民政府发布公告。公告应当在主要媒体上发布，并在拟新建、扩建机场周围地区张贴。

第二十一条　新建、扩建民用机场的公告发布前，在依法划定的机场净空保护区内存在可能影响飞行安全的建（构）筑物、树木、灯光和其他障碍物体，应当在规定的期限内清除；对由此造成的损失，应当依法给予补偿或者采取其他补救措施。

第二十二条　新建、扩建民用机场的公告发布后，任何单位和个人在依法划定的机场净空保护区内修建、种植或者设置影响飞行安全的建（构）筑物、树木、灯光和其他障碍物体，由障碍物体所在地的区（市）人民政府责令清除；由此造成的损失，由修建、种植或者设置该障碍物体的单位或者个人承担。

第二十三条　民航管理机构和机场管理机构应当加强对民用机场净空状况的核查。发现影响民用机场净空保护的情况，应当立即制止，并书面报告柜关区（市）人民政府。接到报告的区（市）人民政府应当采取措施，消除影响。

第三十条　违反本办法第十一条、第十七条规定的，机场管理机构应当告知其改正；拒不改正的，机场管理机构应当报告所在地的区（市）人民政府。所在地的区（市）人民政府应当责令其改正；拒不改正的，处 5000 元以上 3 万元以下罚款。

　　第三十一条　违反本办法第十二条规定的，由民航管理机构责令改正，处 10 万元以上 50 万元以下的罚款。

　　第三十二条　违反本办法第十四条、第二十六条第（一）（二）（四）（五）项规定的，由所在地的区（市）人民政府责令改正；情节严重的，处 2 万元以上 10 万元以下罚款。

　　第三十三条　违反本办法第十五条、第十六条规定危及飞行安全的，机场管理机构应当告知其立即改正；拒不改正的，机场管理机构应当报告所在地的区（市）人民政府。所在地的区（市）人民政府应当立即制止；拒不改正的，对个人处 1000 元罚款，对单位处 3 万元罚款。

甘肃省民用机场净空和民用航空电磁环境保护规定（节选）

【发布日期】2015.01.15
【实施日期】2015.03.01
【效力级别】地方政府规章
【发文字号】甘肃省人民政府令第 112 号

第三条 民用机场所在地县级以上人民政府应当加强民用机场净空和民用航空电磁环境保护工作的领导，将其纳入本地安全生产责任目标考核体系，建立工作协调机制，按照国家有关规定，做好民用机场净空和民用航空电磁环境保护工作。

第四条 省人民政府交通运输（民用机场）管理部门负责本行政区域内民用机场净空保护的组织和协调工作。

省、市（州）无线电管理机构对本行政区域内的民用航空电磁环境实施重点保护。

第五条 民用航空管理机构负责民用机场净空保护和民用航空电磁环境保护的行业监督管理工作。

民用机场所在地县级以上人民政府发展和改革、工业和信息化、国土资源、环境保护、规划建设、安全生产监督管理等部门按照各自职责，做好民用机场净空和民用航空电磁环境保护相关工作。

民用机场管理机构、民用航空无线电台（站）设置使用单位负责所属民用机场净空保护和民用航空无线电台（站）电磁环境保护的日常管理工作，建立完善巡查、报告等制度。发现可能影响民用机场净空和民用航空电磁环境的活动（包括改变地形地貌），应当及时向地方人民政府和民用航空管理机构报告。

第六条 民用机场和民用航空无线电台（站）所在地乡（镇）人民政府、街道办事处、开发区管理机构、村（居）民委员会应当协助落实民用机场净空、民用航空电磁环境、设施设备保护工作。

第七条 县级以上人民政府及交通运输、无线电管理等有关部门和民用航空管理机构，应当加强对民用机场净空和民用航空电磁环境保护的宣传教育工作。

民用机场管理机构、民用航空无线电台（站）设置使用单位应当采取多种形式，向社会宣传普及民用机场净空和民用航空电磁环境保护知识，提高公民对民用机场净空和民用航空电磁环境的保护意识。

第八条 任何单位和个人不得破坏民用机场净空和民用航空电磁环境。对破坏民用机场净空和民用航空电磁环境等危害机场安全运行的行为任何单位和个人均有权举报。

第十条 民用机场管理机构应当根据民用机场总体规划，按照国家有关规定和技术标准绘制民用机场净空障碍物限制图，并报民用机场所在地人民政府有关部门和民用航空管理机构备案。

第十一条 禁止在民用机场净空保护区域内从事下列活动：

（一）排放大量烟雾、粉尘、火焰、废气等影响飞行安全的物质；

（二）修建靶场、强烈爆炸物仓库等影响飞行安全的建筑物或者其他设施；

（三）设置影响民用机场目视助航设施使用或者飞行员视线的灯光、标志或者物体；

（四）种植影响飞行安全或者影响民用机场助航设施使用的植物；

（五）放飞影响飞行安全的鸟类，升放无人驾驶的自由气球、系留气球和其他升空物体；

（六）焚烧产生大量烟雾的农作物秸秆、垃圾等物质，或者燃放烟花、焰火；

（七）在民用机场围界外 5 米范围内，搭建建筑物、种植树木，或者从事挖掘、堆积物体等影响民用机场运营安全的活动；

（八）国务院民用航空主管部门规定的其他影响民用机场净空保护的行为。

第十二条　新建、改建、扩建民用机场时，在划定的民用机场净空保护区域内，对影响飞行安全的建筑物、构筑物、树木、灯光和其他障碍物体，按照国家有关规定处理。

需要设置障碍灯和标志时，其产权所有者应当按照国家有关规定和技术标准予以设置，并保持正常运行状态。

第十三条　县级以上人民政府及其有关部门审批民用机场净空保护区域内的建设项目时，应当征求民用航空管理机构的意见。

民用航空管理机构依照国家有关规定、技术标准和具备相应资质单位的技术报告，提出意见。

第十四条　民用机场管理机构应当加强民用机场净空巡视检查，发现未经批准拟建或者正在建设的影响飞行安全的障碍物时，应当立即报告机场所在地人民政府和民用航空管理机构。

第二十条　违反本规定的行为，《中华人民共和国民用航空法》、《民用机场管理条例》和《中华人民共和国无线电管理条例》已有处罚规定的，从其规定。

贵阳龙洞堡国际机场净空和电磁环境保护管理规定（节选）

【发布日期】2013.11.05
【实施日期】2014.01.01
【效力级别】地方政府规章
【发文字号】贵阳市人民政府令第11号

第三条　贵阳市人民政府负责贵阳机场净空和电磁环境保护工作的组织领导和统筹协调。贵阳机场净空和电磁环境保护范围内的县级人民政府（以下简称贵阳机场所在地县级人民政府）按照职责依法实施监督管理。

发改、规划、公安、财政、国土、住建、城市管理（综合执法）、环保、安监、气象、通讯、无线电管理等部门按照各自职责，做好贵阳机场净空和电磁环境保护工作。

贵阳机场所在地民用航空管理机构依法对贵阳机场净空和电磁环境保护实施行业监督管理。贵阳机场运营主体具体负责贵阳机场净空和电磁环境保护的日常管理工作。

第四条　依法划定并经批准的贵阳机场净空保护区和电磁环境保护区应当纳入贵阳城市控制性详细规划，并由市人民政府向社会公布。

第五条　贵阳机场所在地县级人民政府和贵阳机场运营主体应当建立并完善巡查、报告、举报等工作联动机制，发现影响贵阳机场净空和电磁环境的行为，应当立即制止并依法处理，消除对飞行安全的影响。

贵阳机场所在地县级人民政府和贵阳机场运营主体应当加强对机场净空和电磁环境保护的宣传、教育工作，提高公民的机场净空和电磁环境安全保护意识。

第六条 任何单位和个人都不得破坏贵阳机场净空和电磁环境。对破坏贵阳机场净空和电磁环境的行为，任何单位和个人均有义务举报和制止。

市人民政府对保护贵阳机场净空和电磁环境成绩突出的单位和个人予以表彰或奖励。

第七条 贵阳机场净空保护区，是指贵阳机场远期规划跑道中心线两侧各 10 公里、跑道端外 20 公里的区域，主要包括净空障碍物限制面和外水平面，其范围和限高要求具体标示在贵阳机场远期净空保护区图中。

第八条 贵阳机场净空保护区内禁止从事下列活动：

（一）修建超过民用机场净空障碍物限制高度的建（构）筑物或者设施；

（二）排放大量烟雾、粉尘、火焰、废气等影响飞行安全的物质；

（三）修建靶场、强烈爆炸物仓库等影响飞行安全的建筑物或者设施；

（四）设置影响机场目视助航设施使用或者飞行员视线的灯光、标志或者物体；

（五）种植影响飞行安全或影响机场助航设施使用的植物；

（六）在机场围界外 5 米范围内搭建建（构）筑物和种植树木，或者从事挖掘、堆积物体等影响民用机场运行安全的活动；

（七）升放无人驾驶自由气球、系留气球和其他升空物体；

（八）焚烧产生大量烟雾的农作物秸秆、垃圾等物质；

（九）超过净空保护高度要求的爆破或者作业；

（十）影响机场净空保护的其他活动。

第九条　在距离贵阳机场跑道两侧 1 公里和两端 3 公里的范围内，除本规定第八条所禁止的活动外，同时禁止下列活动：

（一）修建禽类养殖场；

（二）放飞风筝；

（三）从事航空模型飞行；

（四）燃放烟花、焰火；

（五）储存爆炸物品。

第十条　在距离贵阳机场跑道两侧 8 公里和两端 8 公里的范围内，不得设置易吸引鸟类及其他动物的露天垃圾场。

第十一条　在贵阳机场净空保护区内实施人工降雨作业的，应当向民航空中交通管制部门申报作业空域和作业时限。依法获得批准后，作业单位应当按照批准的空域和时限实施作业。

第十二条　贵阳机场改、扩建，应当发布公告。公告发布前，在依法划定的机场净空保护区内已经存在的可能影响飞行安全的建（构）筑物、树木、灯光和其他障碍物，应当在规定的期限内处理；造成损失的，依法给予补偿或者采取其他补救措施。

第十三条　贵阳机场改、扩建公告发布后，在依法划定的机场净空保护区内修建、种植或者设置影响飞行安全的建（构）筑物、树木、灯光和其他障碍物体的，由机场所在地县级人民政府责令修建、种植或者设置该障碍物体的单位和个人予以清除。

第十四条　规划部门审批贵阳机场净空保护区内的建（构）筑物时，应当对项目是否符合机场净空保护要求书面征求机场管理机构和民用航空管理机构的意见。

第十五条　在机场净空保护区内设置 220 千伏及以上的高压输电塔的，应当按照规定设置障碍灯或者标志，保持其正常状态，并向民用航空管理机构、民航空中交通管制部门和机场管理机构提供有关资料。

在机场净空保护区外，可能影响飞行安全的高大建（构）筑物，应当按照有关规定设置航空障碍灯、标志，并确保其正常使用。

第十六条 贵阳机场运营主体应当加强机场净空状况检查，发现在机场净空保护区内有影响飞行安全的建（构）筑物、灯光或者其他障碍设施和物体的，应当立即通报相关县级人民政府。接到通报的县级人民政府应当及时采取有效措施，消除飞行安全影响。

第三十二条 违反本规定第八条、第九条规定的，由相关行政部门依据《民用机场管理条例》和有关法律、法规、规章的规定予以处罚。

第三十六条 违反本规定，构成违反治安管理行为的，由公安机关依据《中华人民共和国治安管理处罚法》的规定予以处罚。

辽宁省民用机场净空安全保护办法（节选）

【发布日期】2013.07.12
【实施日期】2013.08.20
【效力级别】地方政府规章
【发文字号】辽宁省人民政府令第 284 号

第三条　民用机场所在地的市人民政府应当建立和完善民用机场净空安全保护工作责任制和协调机制，研究解决净空安全工作中的重大事项，将民用机场净空安全保护工作纳入本地安全生产责任目标考核体系，督促各有关部门按照规定承担保障净空安全的责任，依法对民用机场实施监督管理。

第四条　省安全生产监督管理部门和民用机场所在地市、县（含县级市、区，下同）人民政府确定的行政部门，对本级政府有关部门和下级人民政府的民用机场净空安全保护工作实施综合协调和监督指导。

发展改革、经济和信息化、公安、国土资源、环境保护、住房和城乡建设、林业、气象等有关部门，按照规定的职责，做好民用机场净空安全保护工作，具体职责另行规定。

地区民用航空管理机构依法对辖区内民用机场净空安全保护实施行业监督管理。

空中交通管理部门按照规定的职责，负责民用机场净空安全保护管理工作。

第五条 辽宁省机场管理集团公司、大连国际机场集团有限公司等（以下统称机场管理集团公司）按照国家和省有关规定，承担所属民用机场净空安全保护的具体工作。

第六条 地区民用航空管理机构、民用机场所在地的市、县人民政府及其相关部门，应当加强机场净空安全保护宣传、教育工作，提高公民对机场净空安全保护意识。

机场管理集团公司和机场所在地的乡（镇）人民政府、街道办事处以及村（居）民委员会，应当做好辖区内机场净空安全保护宣传、教育等相关工作。发现净空安全隐患或者危害净空安全行为的，应当向上级人民政府或者有关部门报告。

第七条 地区民用航空管理机构和民用机场所在地的市人民政府，应当按照国家有关规定划定民用机场净空保护区域，将其纳入市城乡建设规划和土地利用总体规划，并向社会公布。

民用机场所在地的县人民政府应当会同机场管理集团公司，在民用机场净空保护区域设置警示标识。

第八条 机场管理集团公司应当依据《民用机场飞行区技术标准》和民用机场总体规划，编制净空障碍物限制图，经国务院民用航空行政主管部门批准后，报民用机场所在地的市发展改革、住房和城乡建设、国土资源行政部门备案。

民用机场总体规划调整时，净空障碍物限制图也应当相应调整。

第九条 机场新建、扩建的，机场所在地的市人民政府应当于工程动工 6 个月前，在当地主要媒体发布公告，并在机场周围地区张贴。对可能影响机场净空安全的建筑物及设施、树木、灯光等障碍物，由市人民政府或者其委托的相关部门组织清除、处理。造成损失的，应当依法给予补偿或者采取其他补救措施。

机场新建、扩建公告发布后，任何单位和个人不得在机场净空保护区域内修建、种植或者设置影响净空安全的障碍物。

第十条 审批机场净空保护区域内建设项目时，应当书面征求地区民用航空管理机构的意见。地区民用航空管理机构应当自收到征求意见书之日起20个工作日内作出书面答复；依法需要听证、检验、检测和专家评审的，经地区民用航空管理机构负责人批准，可适当延长答复时间。但是，法律、法规另有规定的，依照其规定。

机场净空保护区域内新建、改建和扩建建设项目的安全设施，应当与主体工程同时设计、同时施工、同时验收、同时投入使用。安全设施投资应当纳入建设项目概算。

第十一条 禁止在机场净空保护区域内从事下列活动：

（一）修建靶场、强烈爆炸物仓库和超过民用机场净空障碍物限制高度等影响飞行安全的建筑物或者其他设施；

（二）排放大量烟雾、粉尘、火焰、废气等物质；

（三）设置影响机场目视助航设施使用或者飞行员视线的灯光、标志或者物体；

（四）种植影响飞行安全或者影响民用机场助航设施使用的植物；

（五）放飞鸟类，升放无人驾驶的自由气球、系留气球、风筝、孔明灯等其他升空物体以及进行飞艇、滑翔机、动力伞等飞行活动；

（六）储存爆炸物品以及进行超过净空保护高度要求的爆破或者作业；

（七）焚烧产生大量烟雾的农作物秸秆、垃圾等物质；

（八）燃放烟花、焰火；

（九）在机场围界外5米范围内，搭建建筑物，种植树木，或者从事挖掘、堆积物体等影响民用机场运营安全的活动；

（十）国家规定的其他影响机场净空保护的行为。

第十三条 在机场净空保护区域外，高大建筑物可能影响飞行安全的，其所有权人应当按照国家有关规定设置飞行障碍灯和标志，并保持正常显示状态。

第十六条　机场管理集团公司应当建立机场净空保护区域定期巡视检查制度。

机场净空保护区域内的巡视检查，每周不少于一次；机场内无障碍区的巡视检查，每日不少于一次。巡视检查应当包括下列主要内容：

（一）检查新增的、超高的建筑物、构筑物和自然生长的植物；

（二）检查有无树木、烟尘、灯光、风筝和气球等影响净空环境的情况；

（三）检查障碍物标志、标志物和障碍灯的有效性。

巡视检查情况应当记录和归档。

第二十二条　承担民用机场净空安全保护职责的政府有关部门，应当制定机场净空安全保护监督检查计划和措施，对净空安全保护工作进行定期检查。对检查中发现的违法行为和隐患，应当及时依法处理，并监督整改。

第二十三条　违反本办法第十一条规定，出现影响飞行安全突发性事件的，发现者应当立即告知机场管理集团公司，由机场管理集团公司向所在地公安机关报告，接到报告的公安机关应当先行采取有效处置措施，排除飞行安全隐患。

公安机关先行处置后，对于不属于其管辖的事项，应当及时移送省安全生产监督管理部门或者民用机场所在地市、县人民政府确定的行政部门进一步处理。

第二十四条　违反本办法第十一条、第十四条、第十五条规定的，按照国务院《民用机场管理条例》、《通用航空飞行管制条例》有关规定予以处罚。

河北省民用机场净空和电磁环境保护办法（节选）

【发布日期】2012.12.28
【实施日期】2013.02.01
【效力级别】地方政府规章
【发文字号】河北省人民政府令〔2012〕第16号

第三条　民用机场所在地的县级以上人民政府应当加强对民用机场净空和电磁环境保护工作的领导，将其纳入本地安全生产责任目标考核体系，建立完善工作责任制和协调机制，研究解决工作中的重大问题。

第四条　民用机场所在地的县级以上人民政府负责民用航空管理的部门（以下简称民用航空主管部门）负责本行政区域内民用机场净空和电磁环境保护工作。其他有关部门按各自职责，共同做好民用机场净空和电磁环境保护工作。

民用航空华北地区管理局（以下简称民用航空管理机构）对民用机场净空和电磁环境保护实施行业监督管理。

民用机场管理机构应当做好本机场净空和电磁环境保护的日常管理工作。

第五条　任何单位和个人，有权向民用航空主管部门、其他有关部门举报民用机场净空和电磁环境安全隐患或者危害民用机场净空和电磁环境安全的行为。接到举报的部门应当依法处理，并为举报人保密。

第六条　民用机场所在地的县级以上人民政府、民用航空主管部门、民用机场管理机构应当采取多种形式，向社会宣传普及民用机场净空和电磁环境保护知识，提高公民对民用机场净空和电磁环境的保护意识。

第七条　民用机场管理机构应当依据国家有关机场飞行区技术标准，按本机场总体规划，编制民用机场障碍物限制图。民用机场总体规划调整时，应当相应调整民用机场障碍物限制图。

民用机场管理机构应当将民用机场障碍物限制图报送民用机场所在地的县级以上人民政府城乡规划、国土资源部门和气象主管机构备案。

第八条　民用航空管理机构和民用机场所在地的县级以上人民政府，应当按国家有关规定划定民用机场净空保护区域，并向社会公布。

第九条　民用机场所在地的县级以上人民政府，应当将民用机场净空保护区域纳入土地利用总体规划和城市总体规划统一管理。

第十条　县级以上人民政府发展和改革部门审批民用机场净空保护区域内的建设项目，应当对项目是否符合机场净空保护要求进行审查，并书面征求民用航空管理机构的意见。

第十一条　新建、扩建民用机场，民用机场所在地的县级以上人民政府应当在当地主要媒体发布公告，并在拟新建、扩建民用机场周围地区张贴。

民用机场新建、扩建公告发布前，在依法划定的民用机场净空保护区域内已经存在的可能影响飞行安全的建（构）筑物、树木、灯光和其他障碍物体，由民用机场所在地的县级以上人民政府或者其委托的部门组织障碍物体所有人在规定期限内清除；对由此造成的损失，由民用机场建设单位给予补偿或者依法采取其他补救措施。

民用机场新建、扩建公告发布后，任何单位和个人不得在民用机场净空保护区域内修建、种植或者设置影响飞行安全的建（构）筑物、树木、灯光和其他障碍物体。

第十二条 在民用机场净空保护区域内，禁止从事下列活动：

（一）修建超过民用机场净空障碍物限制高度的建（构）筑物或者其他设施；

（二）排放大量烟雾、粉尘、火焰、废气等影响飞行安全的物质；

（三）修建靶场、强烈爆炸物仓库等影响飞行安全的建筑物或者其他设施；

（四）设置影响民用机场目视助航设施使用或者飞行员视线的灯光、标志或者物体；

（五）在民用机场围界外五米范围内，搭建建（构）筑物、种植树木，或者从事挖掘、堆积物体等影响民用机场运营安全的活动；

（六）种植影响飞行安全或者影响民用机场助航设施使用的植物；

（七）升放无人驾驶的自由气球、系留气球和风筝、孔明灯等其他升空物体；

（八）放飞影响飞行安全的鸟类动物；

（九）焚烧产生大量烟雾的农作物秸秆、垃圾等物质；

（十）燃放升空的爆竹、烟花、焰火等；

（十一）国家规定的其他影响民用机场净空保护的活动。

在民用机场净空保护区域外从事前款所列活动的，不得影响民用机场净空安全。

第十三条 禁止在距离航路两侧边界各三十公里范围内修建对空射击的靶场和其他可能影响飞行安全的设施。

第十五条 建（构）筑物或者其他设施达到限制高度，以及具有民用航空技术规范规定的其他影响飞行安全情形的，其所有人应当按国家有关规定设置航空障碍灯、标志，并保持正常使用状态。

第十六条 在民用机场净空保护区域内设置二十二万伏以上高压输电塔的，应当按国家有关规定设置障碍灯或者标志，保持其正常状态，并向民用航空管理机构、民用机场管理机构和民用机场空中交通管理部门提供有关资料。

第十九条 民用机场管理机构应当加强对本机场净空状况的核查，发现影响净空安全的情况，应当立即制止，并书面报告所在地的县级以上人民政府民用航空主管部门。民用航空主管部门应当及时采取有效措施，消除对飞行安全的影响。

第二十七条 违反本办法第十一条第三款规定的，由机场所在地的县级以上人民政府责令限期清除，由此造成的损失，由修建、种植或者设置该障碍物体的单位和个人承担。

上海市民用机场地区管理条例（节选）

【发布日期】2011.09.22
【实施日期】2011.12.01
【效力级别】省级地方性法规
【发文字号】上海市人民代表大会常务委员会公告第 38 号

第十八条 市交通港口行政管理部门应当会同机场管理机构，按照国家有关规定提出机场净空保护区域的划定方案，报市人民政府和地区民用航空管理机构批准，并向社会公布。

机场净空保护区域外的高大建筑物、构筑物或者其他设施可能影响飞行安全的，应当按照国家有关规定设置飞行障碍灯和标志，并使其保持正常状态。

第十九条 机场管理机构应当加强对机场净空状况的核查，发现影响机场净空保护的情况，应当立即制止；当事人拒不改正的，应当立即报告地区民用航空管理机构，以及相关区、县人民政府和市交通港口行政管理部门。相关区、县人民政府应当及时采取有效措施，消除对飞行安全的影响。

市交通港口行政管理部门应当建立机场净空保护的协调制度，协调相关区、县人民政府和市有关行政管理部门采取措施，保障飞行安全。

第五十一条 违反本条例规定的行为，法律、行政法规已有处罚规定的，从其规定。

第五十三条　违反本条例规定，有破坏机场地区内治安秩序、影响民用航空安全、违反消防和道路交通管理规定的违法行为的，由机场地区公安部门依法处理。

浙江省民用机场管理办法（节选）

【发布日期】2014.07.17
【实施日期】2014.10.01
【效力级别】地方政府规章
【发文字号】浙江省人民政府令第324号

第十二条 民用机场净空保护区域，按照《民用机场管理条例》和国家有关规定划定并向社会公布。

省交通运输行政主管部门和民用机场所在地城市、县人民政府确定的部门（以下统称民用机场地方管理部门）会同同级国土资源、城乡规划、环境保护、公安等有关部门，根据国家有关规定和行业标准要求，结合民用机场周边情况，制定净空保护具体管理办法并向社会公布。民用机场净空保护区域内的单位和个人应当遵守。

民用机场管理机构应当配合民用机场所在地城市、县人民政府和民用机场地方管理部门，协调处理民用机场净空保护中出现的问题。

第十四条 在民用机场净空和电磁环境保护区域内新建、改建以及扩建建设工程项目，应当符合民用机场净空和电磁环境保护规定。

在民用机场净空保护区域内设置22万伏以上高压输电塔的，建设单位应当按照民用航空主管部门的有关规定设置障碍灯或者标志，并保持其正常状态，同时向民用航空主管部门、民用机场管理机构等单位提供有关资料。

第十五条　在民用机场净空保护区域内禁止下列行为：

（一）排放大量烟雾、粉尘、火焰、废气等影响飞行安全的物质；

（二）修建靶场、强烈爆炸物仓库等影响飞行安全的建筑物（构筑物）或者其他设施；

（三）设置影响民用机场目视助航设施使用或者飞行员视线的灯光、标志，或者超过净空限制高度的广告牌、铁塔（柱）、施工塔吊、避雷设施等物体；

（四）升放无人驾驶的自由气球、系留气球、风筝、孔明灯或者其他升空物体；

（五）从事航空模型飞行；

（六）燃放升空的爆竹、烟花、焰火；

（七）焚烧产生大量烟雾的农作物秸秆、垃圾等物质；

（八）种植影响飞行安全或者影响民用机场助航设施使用的植物；

（九）放飞影响飞行安全的鸟类；

（十）在民用机场围界外5米区域内，搭建建筑物（构筑物）或者挖掘、堆积物体等影响民用机场运营安全的活动；

（十一）法律、法规和规章规定的其他影响民用机场净空保护的行为。

第三十一条　对违反民用机场净空和电磁环境保护规定的行为依法应当予以行政处罚的，由民用机场所在地城市、县人民政府确定的部门具体承担，经本级人民政府批准后实施。

天津市民用机场净空及安全管理规定（节选）

【发布日期】2013.05.27
【实施日期】2013.07.01
【效力级别】地方政府规章
【发文字号】天津市人民政府令第3号

第三条 本规定所称民用机场净空保护区域，是指为保障民用航空器起飞、降落安全，按照机场净空障碍物限制图的要求划定的一定空间范围。

第四条 民用机场净空及安全管理应当坚持安全第一、预防为主、统一协调、各负其责的原则。民用航空管理部门、机场管理机构与民用机场净空保护区域内的区县人民政府共同做好民用机场净空及安全管理工作。

第五条 市人民政府和民用机场净空保护区域内的区县人民政府应当加强民用机场净空及安全保护工作的领导，建立完善民用机场净空及安全保护工作责任制和协调机制，并将民用机场净空及安全保护工作纳入安全生产责任目标考核体系。

第六条 市交通运输主管部门负责本市民用机场净空保护管理的组织与协调。

民用机场净空保护区域内的区县人民政府负责本行政区域内民用机场净空保护管理工作。

第七条 民用航空管理部门和机场管理机构应当加强对民用

机场净空状况的核查。发现影响民用机场净空保护的情况，应当立即制止，并书面报告民用机场净空保护区域内的区县人民政府。

接到报告的区县人民政府应当及时采取有效措施，消除对飞行安全的影响。

第八条　民用机场净空保护区域内的区县人民政府和机场管理机构应当加强民用机场净空保护的宣传、教育工作，提高公民的净空保护意识。

任何单位和个人都应当依法履行净空保护义务，有权制止、举报影响飞行安全的违法行为。

第九条　民用机场净空保护区域内的区县人民政府应当会同机场管理机构，在民用机场净空保护区域设置警示标志。

第十条　市人民政府应当将民用机场总体规划纳入城乡规划，并根据民用机场的运营和发展需要，对民用机场周边地区的土地利用和建设实行规划控制。

第十一条　民用机场净空保护区域内建设工程的限制高度和其他与航空安全相关的控制要求，由民用航空管理部门会同市规划行政管理部门根据民用航空相关技术规范要求、确保机场安全运营和城市可持续发展的需要确定。

第十二条　市和区县人民政府审批民用机场净空保护区域内超过限制高度或者不符合与航空安全相关的控制要求的建设项目，以及民用机场净空保护区域外建筑高度超过 150 米的建设项目，应当书面征求民用航空管理部门的意见。民用航空管理部门应当在收到征求意见书之日起 15 日内作出书面答复。

第十四条　建筑物、构筑物或者设施达到一定高度以及有民用航空相关技术规范规定的其他影响飞行安全情形的，应当按照国家有关标准设置障碍灯和标志。

建筑物、构筑物或者设施管理人应当确保障碍灯和标志的正常使用；发现障碍灯和标志损坏，应当及时修复。

任何单位和个人不得影响障碍灯和标志的正常使用。

第十五条 在民用机场净空保护区域内设置 22 万伏以上高压输电塔的，建设单位应当按照国务院民用航空主管部门的有关规定设置障碍灯或者标志，保持其正常状态，并向民用航空管理部门、空中交通管理部门和机场管理机构提供有关资料。

第十六条 本市民用机场净空保护区域内禁止从事下列活动：

（一）排放大量烟雾、粉尘、火焰、废气等影响飞行安全的物质；

（二）修建靶场、强烈爆炸物仓库等影响飞行安全的建筑物或者其他设施；

（三）设置影响民用机场目视助航设施使用或者飞行员视线的灯光、标志或者物体；

（四）种植影响飞行安全或者影响民用机场助航设施使用的植物；

（五）饲养、放飞影响飞行安全的鸟类，升放无人驾驶的自由气球、系留气球、孔明灯和其他升空物体；

（六）焚烧产生大量烟雾的农作物秸秆、垃圾等物质，或者燃放烟花、焰火；

（七）在民用机场围界外 5 米范围内，搭建建筑物、种植树木，或者从事挖掘、堆积物体等影响民用机场运营安全的活动；

（八）设置露天垃圾场、屠宰场、养殖场等场所；

（九）国务院民用航空主管部门规定的其他影响民用机场净空保护的行为。

第十七条 在民用机场净空保护区域外从事本规定第十六条所列活动的，不得影响民用机场净空保护。

第二十条 禁止在距离航路两侧边界各 30 公里以内的地带修建对空射击的靶场和其他可能影响飞行安全的设施。

第二十六条 违反本规定第十四条，建筑物、构筑物或者设施管理人未按要求设置障碍灯和标志，或者未保证障碍灯和标志正常使用的，机场管理机构应当通知改正，并及时报告区县人民政府。区县人民政府应当责令限期改正；逾期未改正的，处1万元罚款。

违反本规定第十四条．影响障碍灯和标志正常使用的，机场管理机构应当通知改正，并报告区县人民政府。区县人民政府应当责令改正；拒不改正的，对违反规定的个人处1000元罚款，对违反规定的单位处1万元罚款。

第二十七条　违反本规定第十六条，在民用机场净空保护区域内从事禁止活动的，由区县人民政府按照《民用机场管理条例》的规定予以处罚。

重庆市民用机场管理办法（节选）

【发布日期】2012.09.14
【实施日期】2012.11.01
【效力级别】地方政府规章
【发文字号】重庆市人民政府令第 266 号

第二十八条　民用航空管理部门和机场所在地有关地方人民政府，应当按照有关规定划定机场净空保护区域，并向社会公布。

第二十九条　城乡规划主管部门审批机场净空保护区域内的新建、改建、扩建建筑物、构筑物时，应当书面征求民用航空管理部门的意见。

第三十条　机场净空保护区域外，对可能影响飞行安全的高大建筑物、构筑物或者其他设施，产权单位或者管理单位应当按照国家有关规定设置飞行障碍灯和标志，并使其保持正常状态。

产权单位或者管理单位应当向民用航空管理部门、机场管理机构提供有关资料。

第三十一条　禁止在机场净空保护区域内从事下列活动：

（一）排放大量烟雾、粉尘、火焰、废气等影响飞行安全的物质；

（二）修建靶场、强烈爆炸物仓库等影响飞行安全的建筑物或者其他设施；

（三）修建不符合机场净空要求的建筑物、构筑物或者其他设施；

（四）设置影响机场目视助航设施使用或者飞行员视线的灯光、标志或者物体；

（五）种植影响飞行安全或者影响机场助航设施使用的植物；

（六）放飞影响飞行安全的鸟类，升放无人驾驶的自由气球、系留气球和其他升空物体；

（七）焚烧产生大量烟雾的农作物秸秆、垃圾等物质，或者燃放烟花、焰火；

（八）在机场跑道两端及跑道中心线两侧各1000米的范围内修建露天垃圾堆放场、填埋场或者露天养殖场；

（九）在机场围界外5米范围内，搭建建筑物、种植树木，或者从事挖掘、堆积物体等影响机场运营安全的活动；

（十）国务院民用航空主管部门规定的其他影响机场净空保护的行为。

第三十二条 机场管理机构应当严格检查机场净空状况，发现影响机场净空保护的情况，应当立即制止，并书面报告机场所在地有关地方人民政府。接到报告的机场所在地有关地方人民政府应当及时采取有效措施，消除对飞行安全的影响。

第四十九条 违反本办法规定，有违反机场净空和电磁环境保护规定行为的，机场管理机构应当采取必要措施予以制止，并移交机场所在地有关地方人民政府或者有关部门依法处理。

深圳市宝安国际机场管理办法（节选）

【发布日期】2006.03.27
【实施日期】2006.05.01
【效力级别】地方政府规章
【发文字号】深圳市人民政府令第 148 号

第十九条 机场范围内的建设应当符合安全生产的要求。对违反建设操作规程、影响飞行安全的行为，机场管理机构应当进行制止，并报建设管理部门依法处理。

在机场净空保护范围内从事施工建设，应当遵守有关净空保护的规定并接受监督。

第五十七条 市政府和机场所在区政府有责任保护机场净空；任何单位和个人均应遵守国家有关保护机场净空的规定。

第五十八条 禁止任何单位和个人在机场地区和机场净空保护区域内从事下列活动：

（一）修建可能在空中排放大量烟雾、粉尘、火焰、废气而影响飞行安全的建筑物或者设施；

（二）修建靶场、强烈爆炸物仓库等影响飞行安全的建筑物或设施；

（三）修建不符合机场净空要求的建筑物或设施；

（四）设置影响机场目视助航设施使用的灯光、标志或物体，或者设置影响机组成员视线的对空照射或者平射强光；

（五）种植影响飞行安全或者影响机场助航设施使用的植物；

（六）饲养、放飞影响飞行安全的鸟类动物或在机场范围内放养牲畜，施放影响飞行安全的气球、飞艇或其他空中移动物体；

（七）从事容易引诱鸟类聚集的养殖业；

（八）修建或者使用影响机场电磁环境的建筑物或者设施；

（九）超过净空高度要求的爆破或作业；

（十）燃放烟花、焰火；

（十一）焚烧产生大量烟雾的农作物以及垃圾等物。

第六十条　在机场净空保护区域内修建可能影响飞行安全的建筑物或设施的，应当经规划部门依据机场净空保护的要求进行审核后方可办理报建手续。

在机场范围内修建建筑物和设施的，应当先将有关建筑物资料报空中交通管制单位和机场管理机构审核。

第六十一条　机场改建、扩建公告发布前，在机场总体规划划定的机场范围内和机场净空保护区域内存在的影响飞行安全的建筑物、构筑物、树木、灯光和其他障碍物体，应当在规定的期限内清除；由此造成的损失，应当依法给予补偿或者依法采取其他补救措施。

第六十二条　机场改建、扩建公告发布后，任何单位和个人违反法律、法规或者本办法规定，在机场总体规划划定的机场范围内和机场净空保护区域内修建、种植或者设置影响飞行安全的建筑物、构筑物、树木、灯光和其他障碍性物体，由城市综合执法部门责令清除；拒不清除的，强制清除；由此造成的损失，由修建、种植或者设置该障碍物体的单位或个人承担。

第六十三条　空中交通管制单位和机场管理机构，应当采取有效措施保护机场净空，发现违反机场净空保护要求的行为应当及时报告国家民航主管部门和城市综合执法部门。

对超出障碍限制面的不可改变的建筑物或设施，城市综合执法部门应当责成业主设置障碍灯和障碍标志。对超出障碍物限制面的自然障碍物，机场管理机构应当清除；不能清除的，应设置障碍灯和障碍标志。

第六十四条 在民用机场及其按照国家规定划定的净空保护区域以外，对可能影响飞行安全的高大建筑或者设施，其所有人或者经营人应当按照国家有关规定设置飞行障碍灯和标志，并使其保持正常状态。

厦门市人民政府关于厦门高崎国际机场净空保护区域和电磁环境保护区域及其相关保护要求的通告

【发布日期】2013.06.04
【实施日期】2013.06.04
【效力级别】地方规范性文件
【发文字号】厦府〔2013〕179号

为贯彻落实《民用机场管理条例》（国务院令第553号），确保厦门高崎国际机场（以下简称：机场）安全运行，根据《民用机场运行安全管理规定》、《民用机场飞行区技术标准》、《航空无线电导航台站电磁环境要求》、《民用机场电磁环境保护区域划定规范与保护要求》、《民用机场净空保护区建设项目管理程序》的技术规范和管理要求，特通告如下：

一、机场净空保护区域范围和保护要求

（一）机场净空保护区域范围：

厦门市翔安区马塘村、龙海市桥头村、龙海市厦门大学漳州校区、南安市洵江村四至连线范围内（详见厦门高崎国际机场净空保护区图）。其中，厦门市湖里区、思明区以及海沧生活区为重点保护区域，湖里区殿前至东渡一带为特别重要保护区域。

（二）机场净空保护区保护要求：

1. 禁止大量排放影响飞行安全的烟雾、粉尘、废气等活动；

2. 禁止修建超过净空限高的建筑物（含构筑物、设施，下同）、靶场、可引发强烈爆炸的化学品仓库等活动；

3. 禁止设置影响机场目视助航设施使用或飞行员视线的灯光、标志等物体的活动；

4. 禁止种植影响飞行安全或者影响民用机场助航设施使用的植物等活动；

5. 禁止放飞影响飞行安全的鸟类，升放无人驾控的自由气球、系留气球或其他升空物体等活动；

6. 禁止焚烧能产生大量烟雾的农作物秸秆、植物、垃圾或其他物质等活动；

7. 禁止在机场围界外 5 米范围内，搭建建筑物、种植树木或者从事挖掘、堆积物体等影响机场运营安全等活动；

8. 禁止从事国务院民用航空主管部门规定的其他影响民用机场净空保护的行为。

福州市人民政府关于福州长乐国际机场净空保护区的通告

【发布日期】2012.07.24
【实施日期】2012.07.24
【效力级别】地方规范性文件
【发文字号】榕政〔2012〕10号

为加强福州长乐国际机场净空保护工作，保证飞行安全和机场正常运行，现将福州长乐国际机场净空保护区范围及有关事项通告如下：

一、净空保护区范围

根据民航华东地区管理局批准的《福州长乐国际机场净空保护区图》（2012年1月版，附后），福州长乐国际机场净空保护区为图中A、B、C、D四点连线的范围内，四至范围约为：东至长乐市漳港街道仙岐村南澳山以东约8.8公里的海面；南至福清市南岭镇马斜村、梨洞村，城头镇南冲村；西至连江县琯头镇芭蕉山，马尾区琅岐开发区的鼓尾山，长乐市潭头镇元岱村、古槐镇北湖村、竹田村、江田镇下珍村；北至长乐市梅花镇火焰山以北约12.5公里的海面。保护区范围主要包括长乐市的漳港街道、湖南镇、文岭镇、梅花镇、金峰镇、鹤上镇、文武砂镇、古槐镇、江田镇、松下镇，以及马尾区、福清市和连江县的部分区域。

二、有关事项

在上述净空保护区范围内的各类建筑物、构筑物等必须满足净空及导航电磁环境的限高要求，并禁止从事下列活动：

1. 排放大量烟雾、粉尘、火焰、废气等影响飞行安全的物质；

2. 修建靶场、强烈爆炸物仓库等影响飞行安全的建筑物或者其它设施；

3. 设置影响民用机场目视助航设施使用或者飞行员视线的灯光、标志或者物体；

4. 种植影响飞行安全或者影响民用机场助航设施使用的植物；

5. 放飞影响飞行安全的鸟类，升放无人驾驶的自由气球、系留气球和其他升空物体；

6. 焚烧产生大量烟雾的农作物秸秆、垃圾等物质，或者燃放烟花、焰火；

7. 在民用机场围界外 5 米范围内，搭建建筑物、种植树木，或者从事挖掘、堆积物体等影响民用机场运营安全的活动；

8. 国务院民用航空主管部门规定的其它影响民用机场净空保护的行为。

特此通告

附件：福建长乐国际机场净空保护后范围图（略）

二〇一二年七月二十四日

上海市交通运输和港口管理局关于上海浦东国际机场和虹桥国际机场净空保护区范围的通告

【发布日期】2012.03.31
【实施日期】2012.03.31
【效力级别】地方规范性文件
【发文字号】沪交空〔2012〕第 165 号

　　为落实浦东国际机场和虹桥国际机场净空保护区管理，确保上海机场飞行安全，根据《上海市人民政府办公厅关于同意浦东国际机场和虹桥国际机场净空保护区范围的通知》（沪府办〔2012〕26号）的批复意见，现将浦东国际机场和虹桥国际机场净空保护区范围和净空保护区管理有关规定，公布如下：

一、机场净空保护区范围

（一）浦东国际机场净空保护区范围

　　东、北边界：伸向长江；南边界：三三公路；西边界：分为三段，北段（川杨河以北）为远东大道，中段（川杨河与沪南公路之间）为南六公路，南段（沪南公路以南）为远东大道。

（二）虹桥国际机场净空保护区范围

　　东边界：分为三段，北段为外环线及北延伸线，中间段（沪宁铁路与沪闵之间）为曹杨路-内环线-伊犁路-虹漕路，南段为外环线及南延伸线；南边界：剑川路；西边界：分为三段，北段

（沪宁铁路以北）为沪宜公路，中段（沪宁铁路与沪杭高速公路之间）为盐铁河－新通波塘－通波塘，南段（沪杭高速公路以南）为嘉金公路；北边界：G1501 公路。

二、机场净空保护区内的禁止行为

根据国务院 2009 年 7 月 1 日颁布实施的《民用机场管理条例》第四十九条规定，禁止在民用机场净空保护区域内从事下列活动：

（一）排放大量烟雾、粉尘、火焰、废气等影响飞行安全的物质；

（二）修建靶场、强烈爆炸物创库等影响飞行安全的建筑物或者其他设施；

（三）设置影响民用机场目视助航设施使用或者飞行员视线的灯光、标志或者物体；

（四）种植影响飞行安全或者影响民用机场助航设施使用的植物；

（五）放飞影响飞行安全鸟类，升放无人驾驶的自由气球、系留气球和其他升空物体；

（六）焚烧产生大量烟雾的农作物秸秆、垃圾等物质，或者燃放烟花、焰火；

（七）在民用机场围界外 5 米范围内，搭建建筑物、种植树木，或者从事挖掘、堆积物体等影响民用机场运营安全的活动；

（八）国务院民用航空主管部门规定的其他影响民用机场净空保护的行为。

三、其他规定

在机场净空保护区范围内进行各类工程建设项目，须按《上海市民用机场地区管理条例》的规定，办理相关手续。

特此公告

上海市交通运输和港口管理局
二〇一二年三月三十一日

（二）动物侵入防范

民用机场管理条例（节选）

【发布日期】2009.04.13
【实施日期】2009.07.01
【效力级别】行政法规
【发文字号】国务院令第 553 号

第四十九条 禁止在民用机场净空保护区域内从事下列活动：

（五）放飞影响飞行安全的鸟类，升放无人驾驶的自由气球、系留气球和其他升空物体；

第七十九条 违反本条例的规定，有下列情形之一的，由民用机场所在地县级以上地方人民政府责令改正；情节严重的，处 2 万元以上 10 万元以下的罚款：

（五）放飞影响飞行安全的鸟类、升放无人驾驶的自由气球、系留气球和其他升空物体；

北京市民用机场净空保护区域管理若干规定（节选）

【发布日期】2010.09.09
【实施日期】2010.11.01
【效力级别】地方政府规章
【发文字号】北京市人民政府令第 223 号

　　第九条　　在民用机场净空保护区域外放飞影响飞行安全的鸟类时，其放飞路线不得穿越民用机场净空保护区域。

　　第十条　　信鸽协会等组织应当做好协会会员、公棚、俱乐部等的组织管理工作，教育和监督其在放飞信鸽和组织竞翔比赛等活动时，严格遵守有关规定，不得影响飞行安全。

　　信鸽协会等组织应当配合民用机场管理机构，定期对民用机场净空保护区域内的会员和鸽棚进行清查；对在民用机场净空保护区域内放飞信鸽的会员应当制止，制止无效的，及时向民用机场管理机构或者区县人民政府举报。

　　信鸽协会等组织不得发展居住地在民用机场净空保护区域内的新会员。

北京市人民政府办公厅关于禁止在首都国际机场净空保护区域内放养影响飞行安全鸟类动物的通知

【发布日期】2008.01.04
【实施日期】2008.01.04
【效力级别】地方规范性文件
【发文字号】京政办发〔2008〕1 号

各区、县人民政府，市政府各委、办、局，各市属机构：

近年来，首都国际机场（以下简称首都机场）民航飞机多次遭到周边地区饲养、放飞鸽子的撞击，特别是 1998 年以来已发生多起鸽子撞机事件，且此类事件呈上升趋势，已严重危及民航飞行安全。随着首都机场航班量快速增长和 2008 年北京奥运会日益临近，为消除首都机场净空保护区域内鸟击航空器事故隐患，确保民航飞行安全，根据《中华人民共和国民用航空法》、《国务院办公厅关于加强民航飞行安全管理有关问题的通知》（国办发〔2004〕37 号）等相关规定，经市政府同意，现就有关事项通知如下：

一、按照《国际民用航空公约》、国家民航行业标准《民用机场飞行区技术标准》（MH5001-2006）等有关规定，首都机场净空保护区域南北长 35.8 公里，东西宽 15.9 公里，面积约为 257.72 平方公里（具体覆盖范围见附件）。

二、在首都机场净空保护区域内，严禁饲养、放飞影响飞行安全的鸽子等鸟类动物（以下简称鸟类动物）。在首都机场净空保护区域外，任何单位和个人在放飞鸟类动物时，其放飞线路不得穿越首都机场净空保护区域范围。

三、在首都机场规划用地范围和净空保护区域内，工商部门依法不予登记注册从事饲养、放飞鸟类动物的企业和个体工商户。在首都机场规划用地范围内，如发生危及飞行安全的鸟类活动时，机场管理机构应当采取驱赶或其他必要措施进行处理。在首都机场规划用地范围外、净空保护区域内，对违反有关规定搭建鸽舍以及饲养、放飞、无照经营鸟类动物的行为，由所在区政府负责，组织城管执法、公安、工商等有关部门和街道办事处、乡镇政府依法进行查处。

四、信鸽协会要做好协会会员、公棚、俱乐部等的组织管理工作，监督其在饲养、放飞信鸽和组织竞翔比赛等活动时，严格遵守有关规定，不得影响飞行安全。

五、民航、公安、城管执法、工商等部门要切实履行各自职责，并依照《中华人民共和国民用航空法》、《中华人民共和国治安管理处罚法》、《无照经营查处取缔办法》（国务院令第 370 号）、《北京市市容环境卫生条例》等，对违法违规行为予以处罚，构成犯罪的，依法追究刑事责任。

附件：首都机场净空保护区域范围（详见"净空区域保护"部分）

北京市人民政府办公厅
二〇〇八年一月四日

湖北省民用机场净空安全保护条例（节选）

【发布日期】2010.12.04
【实施日期】2011.03.01
【效力级别】省级地方性法规
【发文字号】湖北省人民代表大会常务委员会公告第112号

第十六条 在民用机场净空保护区域内，民用机场所在地的各级人民政府应当控制、减少吸引鸟类动物的农作物或者植物的晾晒场。

第十七条 信鸽协会应当做好协会会员、俱乐部等的管理工作，监督其严格遵守有关规定，在饲养、放飞信鸽和组织竞赛等活动时，不得影响民用机场净空安全。

青岛市民用机场净空和电磁环境保护管理办法（节选）

【发布日期】2015. 12. 24
【实施日期】2016. 02. 01
【效力级别】地方政府规章
【发文字号】青岛市人民政府令第 242 号

第十八条 民用机场净空保护区内发生危及飞行安全的鸟类活动时，机场管理机构应当采取驱赶或者其他必要的措施进行处置，相关单位和个人应当予以配合。

第三十条 违反本办法第十一条、第十七条规定的，机场管理机构应当告知其改正；拒不改正的，机场管理机构应当报告所在地的区（市）人民政府。所在地的区（市）人民政府应当责令其改正；拒不改正的，处 5000 元以上 3 万元以下罚款。

贵阳龙洞堡国际机场净空和电磁环境保护管理规定（节选）

【发布日期】2013.11.05
【实施日期】2014.01.01
【效力级别】地方政府规章
【发文字号】贵阳市人民政府令第11号

第二十二条　贵阳机场所在地县级人民政府应当依法组织和协调贵阳机场净空保护区域内的饲养、放飞鸟类管理工作。贵阳机场所在地乡（镇）人民政府和社区应当按照职责，监督和管理饲养、放飞鸟类工作。

第二十三条　任何单位、组织和个人不得在贵阳机场净空保护区域放飞任何影响飞行安全的鸟类动物。

第二十四条　任何单位、组织和个人在贵阳机场净空保护区域以外放飞鸽子等鸟类动物时，其放飞线路不得穿越贵阳机场净空保护区域。

第二十五条　信鸽协会等组织应当做好组织管理和行业自律工作，在放飞信鸽和组织竞翔比赛等活动时应当严格遵守有关规定，不得影响贵阳机场飞行安全。

第三十六条　违反本规定，构成违反治安管理行为的，由公安机关依据《中华人民共和国治安管理处罚法》的规定予以处罚。

辽宁省民用机场净空安全保护办法（节选）

【发布日期】2013. 07. 12

【实施日期】2013. 08. 20

【效力级别】地方政府规章

【发文字号】贵阳市人民政府令第11号

第十七条 信鸽协会应当做好协会会员和俱乐部的管理工作，教育和监督其在饲养、放飞信鸽和组织竞赛等活动时，遵守有关规定，避免影响机场净空安全。

河北省民用机场净空和电磁环境保护办法（节选）

【发布日期】2012.12.28
【实施日期】2013.02.01
【效力级别】地方政府规章
【发文字号】河北省人民政府令〔2012〕第16号

第十八条 民用机场围界范围内发生危及飞行安全的鸟类活动时，民用机场管理机构应当进行驱赶或者采取其他必要的措施进行处理。

民用机场围界范围外、净空保护区域内发生危及飞行安全的鸟类活动时，民用机场所在地的人民政府应当组织有关部门采取措施消除安全隐患，民用机场管理机构应当予以配合。

信鸽协会应当做好会员的管理工作，在放飞信鸽或者组织竞赛等活动时，严格遵守有关规定，不得影响民用机场净空安全。

上海市民用机场地区管理条例（节选）

【发布日期】2011. 09. 22
【实施日期】2011. 12. 01
【效力级别】省级地方性法规
【发文字号】上海市人民代表大会常务委员会公告第38号

第二十二条　机场管理机构应当对影响飞行安全的鸟类活动进行监测，制订防治鸟害的预案，并采取有效措施防治鸟害。

浙江省民用机场管理办法（节选）

【发布日期】2014. 07. 17
【实施日期】2014. 10. 01
【效力级别】地方政府规章
【发文字号】浙江省人民政府令第 324 号

第十七条　民用机场所在地城市、县人民政府应当采取措施，控制和减少民用机场围界外 8 公里区域内垃圾场、晾晒场、养殖场等易吸引鸟类的场所以及养鸽户的数量。

天津市民用机场净空及安全管理规定（节选）

【发布日期】2013.05.27
【实施日期】2013.07.01
【效力级别】地方政府规章
【发文字号】天津市人民政府令第 3 号

第十八条 信鸽协会等组织应当做好协会会员、俱乐部等的组织管理工作，教育和监督其在放飞信鸽和组织竞翔比赛等活动时，严格遵守有关规定，不得影响飞行安全。

第十九条 机场管理机构应当采取综合措施，防止鸟禽和其他动物对航空器安全产生危害；发现鸟禽和其他动物进入民用机场飞行区内，可能危及航空器运行安全的，应当及时驱赶或者猎捕，必要时可以捕杀。

重庆市民用机场管理办法（节选）

【发布日期】2012.09.14
【实施日期】2012.11.01
【效力级别】地方政府规章
【发文字号】重庆市人民政府令第 266 号

第三十三条　机场管理机构应当对影响飞行安全的鸟类活动进行监测，制订防治鸟害的预案，并采取有效措施防治鸟害。

深圳市宝安国际机场管理办法（节选）

【发布日期】2006.03.27
【实施日期】2006.05.01
【效力级别】地方政府规章
【发文字号】深圳市人民政府令第148号

第六十五条　在民用机场飞行限制区域内，机场管理机构对危及飞行安全的鸟类及其他动物，应当采取驱逐等必要方式清除。

（三）电磁环境管理

民用机场管理条例（节选）

【发布日期】2009.04.13
【实施日期】2009.07.01
【效力级别】行政法规
【发文字号】国务院令第 553 号

第五十三条 民用机场所在地地方无线电管理机构应当会同地区民用航空管理机构按照国家无线电管理的有关规定和标准确定民用机场电磁环境保护区域，并向社会公布。

民用机场电磁环境保护区域包括设置在民用机场总体规划区域内的民用航空无线电台（站）电磁环境保护区域和民用机场飞行区电磁环境保护区域。

第五十四条 设置、使用地面民用航空无线电台（站），应当经民用航空管理部门审核后，按照国家无线电管理有关规定办理审批手续，领取无线电台执照。

第五十五条 在民用机场电磁环境保护区域内设置、使用非民用航空无线电台（站）的，无线电管理机构应当在征求民用机场所在地地区民用航空管理机构意见后，按照国家无线电管理的有关规定审批。

第五十六条　禁止在民用航空无线电台（站）电磁环境保护区域内，从事下列影响民用机场电磁环境的活动：

（一）修建架空高压输电线、架空金属线、铁路、公路、电力排灌站；

（二）存放金属堆积物；

（三）种植高大植物；

（四）从事掘土、采砂、采石等改变地形地貌的活动；

（五）国务院民用航空主管部门规定的其他影响民用机场电磁环境的行为。

第五十七条　任何单位或者个人使用的无线电台（站）和其他仪器、装置，不得对民用航空无线电专用频率的正常使用产生干扰。

第五十八条　民用航空无线电专用频率受到干扰时，机场管理机构和民用航空管理部门应当立即采取排查措施，及时消除；无法消除的，应当通报民用机场所在地地方无线电管理机构。接到通报的无线电管理机构应当采取措施，依法查处。

第八十条　违反本条例的规定，使用的无线电台（站）或者其他仪器、装置，对民用航空无线电专用频率的正常使用产生干扰的，由民用机场所在地无线电管理机构责令改正；情节严重的，处 2 万元以上 10 万元以下的罚款。

第八十一条　违反本条例的规定，在民用航空无线电台（站）电磁环境保护区域内从事下列活动的，由民用机场所在地县级以上地方人民政府责令改正；情节严重的，处 2 万元以上 10 万元以下的罚款：

（一）修建架空高压输电线、架空金属线、铁路、公路、电力排灌站；

（二）存放金属堆积物；

（三）从事掘土、采砂、采石等改变地形地貌的活动；

（四）国务院民用航空主管部门规定的其他影响民用机场电磁环境保护的行为。

中华人民共和国无线电管理条例（节选）

【发布日期】2016.11.11
【实施日期】2016.12.01
【效力级别】军事规章
【发文字号】国务院、中央军事委员会令第 672 号

第十八条 无线电频率使用许可由国家无线电管理机构实施。国家无线电管理机构确定范围内的无线电频率使用许可，由省、自治区、直辖市无线电管理机构实施。

国家无线电管理机构分配给交通运输、渔业、海洋系统（行业）使用的水上无线电专用频率，由所在地省、自治区、直辖市无线电管理机构分别会同相关主管部门实施许可；国家无线电管理机构分配给民用航空系统使用的航空无线电专用频率，由国务院民用航空主管部门实施许可。

第六十二条 建设射电天文台、气象雷达站、卫星测控（导航）站、机场等需要电磁环境特殊保护的项目，项目建设单位应当在确定工程选址前对其选址进行电磁兼容分析和论证，并征求无线电管理机构的意见；未进行电磁兼容分析和论证，或者未征求、采纳无线电管理机构的意见的，不得向无线电管理机构提出排除有害干扰的要求。

第六十三条 在已建射电天文台、气象雷达站、卫星测控（导航）站、机场的周边区域，不得新建阻断无线电信号传输的

高大建筑、设施，不得设置、使用干扰其正常使用的设施、设备。无线电管理机构应当会同城乡规划主管部门和其他有关部门制定具体的保护措施并向社会公布。

江苏省民用航空条例（节选）

【发布日期】2017.01.18
【实施日期】2017.07.01
【效力级别】省级地方性法规
【发文字号】江苏省人大常委会公告第 52 号

第三十一条　运输机场电磁环境保护区域由运输机场所在地无线电管理机构会同地区民用航空管理机构按照国家无线电管理的有关规定和标准确定并公布。

第三十二条　运输机场电磁环境保护区域内禁止下列影响运输机场电磁环境的行为：

（一）修建架空高压输电线、架空金属线、铁路、公路、电力排灌站；

（二）存放金属堆积物；

（三）从事掘土、采砂、采石等改变地形地貌的活动；

（四）修建阻断无线电信号传输的高大建筑、设施；

（五）国务院民用航空主管部门规定的其他影响运输机场电磁环境保护的行为。

第三十三条　任何单位或者个人使用的无线电台（站）和其他仪器、装置，不得对民用航空无线电专用频率的正常使用产生干扰。

民用航空无线电专用频率受到干扰时，机场管理机构和地区民用航空管理机构应当立即采取排查措施，及时消除；无法消除的，应当通报运输机场所在地地方无线电管理机构，有关无线电管理机构应当采取措施依法查处。

第六十二条　违反本条例第三十条第一款、第二款和第三十二条规定的，由运输机场所在地县级以上地方人民政府或者其指定的行政管理部门责令改正；情节严重的，按照有关法律、法规规定实施行政处罚。

天津市无线电管理条例（节选）

【发布日期】2012.12.24
【实施日期】2013.03.01
【效力级别】省级地方性法规
【发文字号】天津市人民代表大会常务委员会公告第48号

第十八条　在船舶、机车、航空器上设置、使用制式无线电台（站）的，按照国家有关规定领取无线电台执照后，应当向市无线电行政主管部门备案。

受国家无线电管理机构委托颁发无线电台执照的本市有关部门，应当定期将执照颁发情况和有关资料通报市无线电行政主管部门。

第三十二条　任何单位或者个人使用无线电发射设备和其他辐射无线电波设备时，不得对航空导航、高速铁路、救灾和抢险救援等涉及公共安全和人民生命财产安全的无线电频率产生有害干扰。

第三十三条　本市对下列重点无线电台（站）的电磁环境实行重点保护：

（一）民用航空地面无线电导航台（站）；

（二）水上、港口交通管理调度台（站）；

（三）高速铁路指挥控制台（站）；

（四）无线电监测台（站）；

（五）列入重点保护的其他无线电台（站）。

市无线电行政主管部门应当根据国家有关规定划定重点无线电台（站）的保护区域，并制定保护措施，经市人民政府批准后实施。

第四十五条　违反本条例规定，使用无线电发射设备和其他辐射无线电波设备，对航空导航、高速铁路、救灾和抢险救援等涉及公共安全和人民生命财产安全的无线电频率产生有害干扰的，由市无线电行政主管部门责令有关单位或者个人立即停止有关设备的使用；拒不停止使用的，由市无线电行政主管部门查封设备；情节严重的，没收设备，可并处二万元以上十万元以下罚款。

湖北省民用机场净空安全保护条例（节选）

【发布日期】2010.12.04
【实施日期】2011.03.01
【效力级别】省级地方性法规
【发文字号】湖北省人民代表大会常务委员会公告第112号

第十九条　民用机场电磁环境保护区域，是指为保证民用机场通信设施、设备正常工作而在其周围划定的限制电磁干扰信号和电磁障碍物体的区域。

第二十条　民用机场所在地的县级以上人民政府无线电管理机构应当会同民航管理部门，按照国家规定和技术标准，划定和调整民用机场电磁环境保护区域，并向社会公布。

民用机场电磁环境保护区域包括设置在民用机场总体规划区域内的民用航空无线电台（站）电磁环境保护区域和民用机场飞行区电磁环境保护区域。

第二十一条　民用机场管理机构应当及时将最新的机场电磁环境保护区域报当地人民政府有关部门备案。

第二十二条　在民用机场电磁环境保护区域内，任何单位或者个人设置的无线电发射设备及产生电磁辐射、反射的设施或者物体，不得妨碍民用航空无线电专用频率的正常使用。

第二十三条　禁止在民用航空无线电台（站）电磁环境保护区域内，从事下列影响民用机场电磁环境的活动：

（一）修建高压输电线、架空金属线、电气化铁路、公路、无线电发射设备试验发射场所等；

（二）存放金属堆积物；

（三）种植高大植物；

（四）掘土、采砂、采石等改变地形地貌的活动；

（五）修建其他可能影响民用机场电磁环境的建筑物或者设施，以及进行其他可能影响民用机场电磁环境的活动。

省人民政府无线电管理机构和民航管理部门按照有关规定就前款所列行为制定具体管理办法。

第二十四条　民用机场管理机构和民航管理部门发现民用航空无线电台（站）受到无线电发射设备以及产生电磁辐射、反射的设施或者物体等干扰源的干扰时，应当向民用机场所在地的县级以上人民政府无线电管理机构报告，无线电管理机构应当及时依法查处。

第二十七条　违反本条例第十一条、第二十三条第一款规定的，由民用机场所在地的县级以上人民政府或者其委托的相关部门责令限期改正；情节严重的，处 2 万元以上 10 万元以下罚款。

云南省无线电电磁环境保护条例（节选）

【发布日期】2008.03.28
【实施日期】2008.06.01
【效力级别】省级地方性法规
【发文字号】云南省人大常委会公告第 3 号

第十四条　无线电电磁环境保护区划分为三级：

（一）一级保护区：是指关系公共安全的重要设施的电磁环境保护区域，包括民用航空地面无线电台（站）、安全业务台（站）等区域；

（二）二级保护区：是指对无线电电磁环境保护有特殊要求的重要区域，包括铁路、航运调度台（站）和大型卫星地球站、对空情报雷达站、射电天文台、无线电监测和测向台（站）等区域；

（三）三级保护区：是指无线电业务运用集中的区域，包括公用通信网、专用通信网等台（站）集中的区域。

无线电台（站）不符合无线电电磁环境保护规划和无线电频率规划的、未依法取得无线电频率许可和无线电台（站）许可的，不得列为保护区。

第二十二条　机场、码头、铁路、高等级公路以及高压输电线、变电站、高频炉等涉及无线电电磁环境保护的重大建设项目的选址，应当在立项前进行无线电电磁环境测试和电磁兼容分析。

不符合电磁环境保护规划的，建设单位应当变更选址方案；无法实现电磁兼容的，建设单位应当与有关单位协商解决或者变更选址方案。

建设（规划）行政主管部门在审查超限高层建筑工程规划设计方案时，对可能影响无线电台（站）电磁环境的，应当征求无线电管理机构的意见。

第三十二条　禁止对航空通信和水上通信等涉及公共安全的无线电频率造成有害干扰。

青岛市民用机场净空和电磁环境保护管理办法（节选）

【发布日期】2015.12.24
【实施日期】2016.02.01
【效力级别】地方政府规章
【发文字号】青岛市人民政府令第 242 号

第三条　本办法所称民用机场净空保护区，是指为了保障民用航空器起飞、降落安全，按照民航技术标准划定的空间范围。

本办法所称民用机场电磁环境保护区，是指为了保障民用航空无线电台（站）的正常工作，按照国家标准和民航行业标准划定，用以排除非民用航空的各类无线电设备和非无线电设施设备等产生的干扰所必需的空间范围，由设置在机场总体规划区域内的民用航空无线电台（站）电磁环境保护区和机场飞行区电磁环境保护区两部分组成。

第四条　市交通运输行政主管部门负责民用机场净空和电磁环境保护的综合协调工作。

城乡建设、规划、无线电管理、城市管理、公安、环保、气象、林业、安全生产监管等部门按照职责做好民用机场净空和电磁环境保护的相关工作。

相关区（市）人民政府以及街道办事处、镇人民政府按照职责做好本辖区内民用机场净空和电磁环境保护的相关工作。

第五条　中国民用航空华东地区管理局及其派出机构中国民

用航空青岛安全监督管理局（以下称民航管理机构）负责民用机场净空和电磁环境保护的行业监督管理工作。

中国民用航空青岛空中交通管理站（以下称民航空管机构）协同青岛国际机场集团有限公司（以下称机场管理机构）做好民用机场净空和电磁环境保护工作。

机场管理机构负责所属民用机场净空和电磁环境保护的日常管理工作。

第六条 民用机场所在地的区（市）人民政府及有关部门、街道办事处、镇人民政府和机场管理机构应当做好本辖区内民用机场净空和电磁环境保护的宣传、教育工作，提高公民的安全保护意识。

任何单位和个人有权向民航管理机构、民航空管机构或者机场管理机构举报民用机场净空和电磁环境安全隐患和危害行为，接到举报的部门应当及时处置，并为举报人保密。

第二十四条 市无线电管理机构应当会同民航管理机构，按照国家无线电管理的有关规定和标准，划定和调整民用机场电磁环境保护区，并向社会公布。

第二十五条 规划行政主管部门在审批民用机场电磁环境保护区内的建设项目时，应当确保其符合机场电磁环境保护要求。建设项目可能影响机场电磁环境保护的，应当书面征求民航空管机构或者机场管理机构的意见。

第二十六条 在民用航空无线电台（站）电磁环境保护区内，禁止从事下列影响机场电磁环境的活动：

（一）修建架空高压输电线、架空金属线、铁路、公路、电力排灌站；

（二）存放金属堆积物；

（三）种植高大植物；

（四）从事掘土、采砂、采石等改变地形地貌的活动；

（五）法律法规规定的其他影响民用机场电磁环境保护的

行为。

第二十七条 在民用机场飞行区电磁环境保护区内，设置工业、科技、医疗设施，修建电气化铁路、高压输电线路等设施，不得干扰机场飞行区电磁环境。

第二十八条 任何单位或者个人使用的无线电台（站）和其他仪器、装置，不得对民用航空无线电专用频道的正常使用产生干扰。

第二十九条 民航空管机构和机场管理机构应当加强对民用机场电磁环境状况的监控。发现民用航空无线电专用频率受到干扰时，应当及时报告民航管理机构，并采取排查措施，及时消除；无法消除的，应当通报市无线电管理机构。市无线电管理机构接到通报后应当采取措施，消除影响。

第三十四条 违反本办法第二十八条规定的，由市无线电管理机构责令改正；情节严重的，处 2 万元以上 10 万元以下罚款。

甘肃省民用机场净空和民用航空电磁环境保护规定（节选）

【发布日期】2015.01.15
【实施日期】2015.03.01
【效力级别】地方政府规章
【发文字号】甘肃省人民政府令第112号

第三条　民用机场所在地县级以上人民政府应当加强民用机场净空和民用航空电磁环境保护工作的领导，将其纳入本地安全生产责任目标考核体系，建立工作协调机制，按照国家有关规定，做好民用机场净空和民用航空电磁环境保护工作。

第四条　省人民政府交通运输（民用机场）管理部门负责本行政区域内民用机场净空保护的组织和协调工作。

省、市（州）无线电管理机构对本行政区域内的民用航空电磁环境实施重点保护。

第五条　民用航空管理机构负责民用机场净空保护和民用航空电磁环境保护的行业监督管理工作。

民用机场所在地县级以上人民政府发展和改革、工业和信息化、国土资源、环境保护、规划建设、安全生产监督管理等部门按照各自职责，做好民用机场净空和民用航空电磁环境保护相关工作。

民用机场管理机构、民用航空无线电台（站）设置使用单位负责所属民用机场净空保护和民用航空无线电台（站）电磁环境保护的日常管理工作，建立完善巡查、报告等制度。发现可能影响民用机场净空和民用航空电磁环境的活动（包括改变地形地貌），应当及时向地方人民政府和民用航空管理机构报告。

第六条　民用机场和民用航空无线电台（站）所在地乡（镇）人民政府、街道办事处、开发区管理机构、村（居）民委员会应当协助落实民用机场净空、民用航空电磁环境、设施设备保护工作。

第七条　县级以上人民政府及交通运输、无线电管理等有关部门和民用航空管理机构，应当加强对民用机场净空和民用航空电磁环境保护的宣传教育工作。

民用机场管理机构、民用航空无线电台（站）设置使用单位应当采取多种形式，向社会宣传普及民用机场净空和民用航空电磁环境保护知识，提高公民对民用机场净空和民用航空电磁环境的保护意识。

第八条　任何单位和个人不得破坏民用机场净空和民用航空电磁环境。对破坏民用机场净空和民用航空电磁环境等危害机场安全运行的行为任何单位和个人均有权举报。

第十五条　民用机场所在地无线电管理机构应当会同民用航空管理机构按照国家有关规定和技术标准，划定民用航空无线电台（站）电磁环境保护区域，并向社会公布。

民用航空无线电台（站）电磁环境保护区域包括民用机场电磁环境保护区域和设置在民用机场电磁环境保护区域外的民用航空无线电台（站）电磁环境保护区域。

民用机场电磁环境保护区域包括设置在民用机场总体规划区域内的民用航空无线电台（站）电磁环境保护区域和民用机场飞行区电磁环境保护区域。

民用机场管理机构、民用航空无线电台（站）设置使用单位应当及时将民用航空电磁环境保护区域报当地政府规划管理部门备案。

第十六条 禁止在民用航空无线电台（站）电磁环境保护区域内，从事下列影响民用机场电磁环境的活动：

（一）修建架空高压输电线、架空金属线、铁路、公路、电力排灌站；

（二）存放金属堆积物；

（三）种植高大植物；

（四）从事掘土、采砂、采石等改变地形地貌的活动；

（五）国务院民用航空主管部门规定的其他影响民用机场电磁环境的行为。

第十七条 在民用机场电磁环境保护区域内设置、使用非民用航空无线电台（站）的，无线电管理机构应当在征求民用航空管理机构意见后，按照国家有关规定审批。

第十八条 在民用机场电磁环境保护区域内实施建设项目，均应当满足民用机场电磁环境保护要求。设置使用无线电台（站）的单位应当规范台（站）建设程序，严禁擅自变更无线电台（站）技术参数。

县级以上人民政府规划管理部门在审批民用航空电磁环境保护区域内的建设项目时，对可能造成航空无线电台（站）有害干扰的工程设施，应当征求省无线电管理机构和民用航空管理机构的意见。

第十九条 民用航空无线电台（站）受到有害干扰时，民用机场管理机构或者民用航空无线电台（站）设置使用单位应当及时向无线电管理机构和民用航空管理机构报告。

接到报告的无线电管理机构和民用航空管理机构应当依法处理。

第二十条 违反本规定的行为，《中华人民共和国民用航空法》、《民用机场管理条例》和《中华人民共和国无线电管理条例》已有处罚规定的，从其规定。

贵阳龙洞堡国际机场净空和电磁环境保护管理规定（节选）

【发布日期】2013. 11. 05
【实施日期】2014. 01. 01
【效力级别】地方政府规章
【发文字号】贵阳市人民政府令第 11 号

第三条　贵阳市人民政府负责贵阳机场净空和电磁环境保护工作的组织领导和统筹协调。贵阳机场净空和电磁环境保护范围内的县级人民政府（以下简称贵阳机场所在地县级人民政府）按照职责依法实施监督管理。

发改、规划、公安、财政、国土、住建、城市管理（综合执法）、环保、安监、气象、通讯、无线电管理等部门按照各自职责，做好贵阳机场净空和电磁环境保护工作。

贵阳机场所在地民用航空管理机构依法对贵阳机场净空和电磁环境保护实施行业监督管理。贵阳机场运营主体具体负责贵阳机场净空和电磁环境保护的日常管理工作。

第四条　依法划定并经批准的贵阳机场净空保护区和电磁环境保护区应当纳入贵阳城市控制性详细规划，并由市人民政府向社会公布。

第五条　贵阳机场所在地县级人民政府和贵阳机场运营主体应当建立并完善巡查、报告、举报等工作联动机制，发现影响贵阳机场净空和电磁环境的行为，应当立即制止并依法处理，消除对飞行安全的影响。

贵阳机场所在地县级人民政府和贵阳机场运营主体应当加强对机场净空和电磁环境保护的宣传、教育工作，提高公民的机场净空和电磁环境安全保护意识。

第六条　任何单位和个人都不得破坏贵阳机场净空和电磁环境。对破坏贵阳机场净空和电磁环境的行为，任何单位和个人均有义务举报和制止。

市人民政府对保护贵阳机场净空和电磁环境成绩突出的单位和个人予以表彰或奖励。

第十七条　贵阳机场电磁环境保护区，是指为保障机场航空无线电台（站）、航空器无线电设备的正常运行，按照国家标准划定的空间范围，设置在机场总体规划区域内的飞行区电磁环境保护区域和无线电台（站）电磁环境保护区域。

第十八条　在贵阳机场电磁环境保护区域内设置、使用非民用航空无线电台（站）的单位，应当依法办理报批手续。

第十九条　在以下航空无线电台（站）电磁环境保护区域内，禁止从事下列活动：

（一）在以导航台天线为中心的半径 500 米以内架设 110 千伏及以上的架空高压输电线；

（二）通过机场附近或进入机场的 110 千伏及以上的高压架空输电线距跑道两端或跑道中心线的距离不得小于 4 千米，同时高压架空输电线距飞机下滑航道的距离不得小于 300 米；

（三）民用航空主管部门、无线电主管部门规定的其他影响机场电磁环境的行为。

第二十条　任何单位和个人使用的无线电台（站）和其他仪器、装置，不得妨碍贵阳机场航空无线电专用频率的正常使用。

第二十一条　民用航空无线电专用频率受到干扰时，贵阳机场运营主体应当立即采取排查措施，及时消除；无法消除的，应当报告无线电管理机构和民用航空管理机构。接到报告的无线电管理机构应当采取措施，依法查处。

第三十三条 违反本规定第二十条规定的由有管辖权的无线电行政管理部门依据《无线电管理条例》的规定予以处罚。

第三十六条 违反本规定，构成违反治安管理行为的，由公安机关依据《中华人民共和国治安管理处罚法》的规定予以处罚。

辽宁省民用机场净空安全保护办法（节选）

【发布日期】2013.07.12
【实施日期】2013.08.20
【效力级别】地方政府规章
【发文字号】辽宁省人民政府令第284号

第十八条　民用机场所在地无线电管理机构应当会同地区民用航空管理机构按照国家有关规定和标准，划定和调整民用机场电磁环境保护区域，保证民用机场通信设施、设备正常工作，限制电磁干扰信号和电磁障碍物体，并向社会公布。

机场管理集团公司应当及时将最新的机场电磁环境保护区域报当地的市人民政府有关部门备案。

第十九条　在民用机场电磁环境保护区域内设置、使用非民用航空无线电台（站）的，无线电管理机构应当征求地区民用航空管理机构意见后，按国家无线电管理的有关规定审批。

第二十条　空中交通管理部门和机场管理集团公司应当与航路无线电台站所在地市无线电管理机构建立民用机场电磁环境监测信息通报制度。

民用航空无线电专用频率受到干扰时，地区民用航空管理机构和机场管理集团公司应当立即采取排查措施，及时消除；无法消除的，应当通报机场所在地无线电管理机构。接到通报的无线电管理机构应当采取措施，依法查处。

第二十一条　机场管理集团公司应当建立机场电磁环境保护区域巡检制度，发现有下列影响航空电磁环境行为的，应当立即报告地区民用航空管理机构：

（一）修建影响航空电磁环境的高压输电线、架空金属线、铁路、公路、无线电发射设备试验发射场等；

（二）存放金属堆积物；

（三）法律、法规、规章规定的其他行为。

河北省民用机场净空和电磁环境保护办法（节选）

【发布日期】2012.12.28
【实施日期】2013.02.01
【效力级别】地方政府规章
【发文字号】河北省人民政府令〔2012〕第 16 号

第三条　民用机场所在地的县级以上人民政府应当加强对民用机场净空和电磁环境保护工作的领导，将其纳入本地安全生产责任目标考核体系，建立完善工作责任制和协调机制，研究解决工作中的重大问题。

第四条　民用机场所在地的县级以上人民政府负责民用航空管理的部门（以下简称民用航空主管部门）负责本行政区域内民用机场净空和电磁环境保护工作。其他有关部门按各自职责，共同做好民用机场净空和电磁环境保护工作。

民用航空华北地区管理局（以下简称民用航空管理机构）对民用机场净空和电磁环境保护实施行业监督管理。

民用机场管理机构应当做好本机场净空和电磁环境保护的日常管理工作。

第五条　任何单位和个人，有权向民用航空主管部门、其他有关部门举报民用机场净空和电磁环境安全隐患或者危害民用机场净空和电磁环境安全的行为。接到举报的部门应当依法处理，并为举报人保密。

第六条　民用机场所在地的县级以上人民政府、民用航空主管部门、民用机场管理机构应当采取多种形式，向社会宣传普及民用机场净空和电磁环境保护知识，提高公民对民用机场净空和电磁环境的保护意识。

第二十条　省、设区的市无线电管理机构应当会同民用航空管理机构，按国家无线电管理的有关规定和标准，划定民用机场电磁环境保护区域，并向社会公布。

民用航空电磁环境保护区域包括设置在民用机场总体规划区域内的民用航空无线电台（站）电磁环境保护区域和民用机场飞行区电磁环境保护区域。

第二十一条　在民用机场电磁环境保护区域内设置、使用非民用航空无线电台（站）的，省、设区的市无线电管理机构应当征求民用航空管理机构意见后，按国家无线电管理的有关规定审批。

第二十二条　省、设区的市无线电管理机构应当对民用航空地面无线电台（站）进行重点保护，民用机场管理机构应当予以配合。

第二十三条　在民用航空无线电台（站）电磁环境保护区域内，禁止从事下列影响民用机场电磁环境的活动：

（一）修建架空高压输电线、架空金属线、铁路、公路、电力排灌站；

（二）存放金属堆积物；

（三）种植高大植物；

（四）从事掘土、采砂、采石等改变地形地貌的活动；

（五）国家规定的其他影响民用机场电磁环境的行为。

第二十四条　任何单位、个人设置或者使用的无线电发射设备台（站）和其他仪器、装置，不得干扰民用航空无线电专用频率的正常使用。

第二十五条　民用航空无线电专用频率受到干扰时，民用机场管理机构和民用航空管理机构应当立即采取排查措施，及时消除；无法消除的，应当通报所在地的无线电管理机构。无线电管理机构应当采取措施，依法查处。

上海市民用机场地区管理条例（节选）

【发布日期】2011.09.22
【实施日期】2011.12.01
【效力级别】省级地方性法规
【发文字号】上海市人民代表大会常务委员会公告第38号

第二十一条 本市民用机场电磁环境保护区域，按照《民用机场管理条例》以及国家无线电管理的有关规定和标准确定。

在民用机场电磁环境保护区域内新建、改建、扩建工程项目的，规划国土行政管理部门在审核建设工程设计方案时，应当征求市无线电行政管理部门和地区民用航空管理机构的意见。

任何单位或者个人使用的无线电台和其他仪器、装置，不得干扰、妨碍民用航空无线电专用频率的正常使用。

对民用航空无线电专用频率造成有害干扰的，有关单位或者个人应当排除干扰。在排除干扰前，本市无线电行政管理部门和民用航空无线电行政管理部门可以按照各自职责责令停止使用该无线电台或者仪器、装置，也可以报请国家有关部门处理。

浙江省民用机场管理办法（节选）

【发布日期】2014.07.17
【实施日期】2014.10.01
【效力级别】地方政府规章
【发文字号】浙江省人民政府令第 324 号

第十三条　民用机场电磁环境保护区域，按照《民用机场管理条例》、《无线电管理条例》和国家有关规定确定并向社会公布。

民用机场电磁环境保护区域内设置、使用非民用航空无线电台（站）的，无线电管理机构审批时应当书面征求民用航空主管部门的意见，并按照国家无线电管理的有关规定审批。

民用机场电磁环境保护区域内的建设工程项目可能影响机场电磁环境的，环境影响评价审批机关应当书面征求民用航空主管部门和无线电管理机构的意见。

第十四条　在民用机场净空和电磁环境保护区域内新建、改建以及扩建建设工程项目，应当符合民用机场净空和电磁环境保护规定。

在民用机场净空保护区域内设置 22 万伏以上高压输电塔的，建设单位应当按照民用航空主管部门的有关规定设置障碍灯或者标志，并保持其正常状态，同时向民用航空主管部门、民用机场管理机构等单位提供有关资料。

第十六条　在民用机场电磁环境保护区域内禁止下列行为：

（一）修建架空高压输电线、架空金属线、铁路、公路、电力排灌站；

（二）存放金属堆积物；

（三）种植影响民用机场电磁环境的植物；

（四）从事掘土、采砂、采石等改变地形地貌的活动；

（五）法律、法规和规章规定的其他影响民用机场电磁环境的行为。

任何单位和个人使用的无线电台（站）及其他仪器、装置，不得对民用航空无线电专用频率的正常使用产生干扰。

第十八条　民用机场管理机构应当建立机场净空和电磁环境保护日常巡查制度。发现影响民用机场净空和电磁环境保护情况的，民用机场管理机构应当立即采取措施予以消除；无法消除的，应当报告民用航空主管部门、民用机场所在地城市、县人民政府或者其有关部门。接到报告的单位应当及时采取措施消除影响。

第二十九条　民用航空主管部门、民用机场地方管理部门以及其他有关部门按照各自职责，对民用机场规划、建设、净空和电磁环境保护以及运营管理进行监督检查。

第三十一条　对违反民用机场净空和电磁环境保护规定的行为依法应当予以行政处罚的，由民用机场所在地城市、县人民政府确定的部门具体承担，经本级人民政府批准后实施。

天津市民用机场净空及安全管理规定（节选）

【发布日期】2013.05.27
【实施日期】2013.07.01
【效力级别】地方政府规章
【发文字号】天津市人民政府令第 3 号

第二十一条　市无线电行政主管部门应当会同民用航空管理部门、市规划行政管理部门，按照国家无线电管理的有关规定和标准，确定民用机场电磁环境保护区域，并向社会公布。

在民用机场电磁环境保护区域内设置、使用非民用航空无线电台（站）的，市无线电行政主管部门应当在征求民用航空管理部门意见后，按照有关规定审批。

第二十二条　禁止在民用航空无线电台（站）电磁环境保护区域内从事下列影响民用机场电磁环境的活动：

（一）修建架空高压输电线、架空金属线、铁路、公路、电力排灌站；

（二）存放金属堆积物；

（三）种植高大植物；

（四）从事掘土、采砂、采石等改变地形地貌的活动；

（五）修建影响民用机场电磁环境的建筑物或者设施；

（六）其他影响民用机场电磁环境的行为。

第二十三条　任何单位或者个人使用的无线电台（站）和其

他仪器、装置，不得对民用航空无线电专用频率的正常使用产生干扰。

空中交通管理部门、机场管理机构和民用航空管理部门发现民用航空无线电专用频率受到干扰时，应当立即采取排查措施，及时消除；无法消除的，应当将受干扰情况和已采取的排查措施情况向市无线电行政主管部门通报。市无线电行政主管部门接到通报后应当采取措施，依法查处；空中交通管理部门、机场管理机构、民用航空管理部门应当给予配合。

重庆市民用机场管理办法（节选）

【发布日期】2012.09.14
【实施日期】2012.11.01
【效力级别】地方政府规章
【发文字号】重庆市人民政府令第 266 号

第三十四条　无线电管理机构应当会同民用航空管理部门按照国家无线电管理的有关规定和标准确定机场电磁环境保护区域，并向社会公布。

第三十五条　设置、使用地面民用航空无线电台（站），应当经民用航空管理部门审核后，按照国家无线电管理有关规定办理审批手续，领取无线电台执照。

在机场电磁环境保护区域内设置、使用非民航无线电台（站）的，无线电管理机构应当在征求民用航空管理部门的意见后，按照国家无线电管理的有关规定审批。

第三十六条　禁止在民用航空无线电台（站）电磁环境保护区域内，从事下列影响机场电磁环境的活动：

（一）修建架空高压输电线、架空金属线、铁路、公路、电力排灌站；

（二）存放金属堆积物；

（三）种植高大植物；

（四）从事掘土、采砂、采石等改变地形地貌的活动；

（五）国务院民用航空主管部门规定的其他影响机场电磁环境的行为。

第三十七条 任何单位或者个人使用的无线电台（站）和其他仪器、装置，不得对民用航空无线电专用频率的正常使用产生干扰。

机场所在地无线电管理机构应当依法查处干扰民用航空无线电专用频率的行为。民用航空无线电专用频率受到干扰时，机场管理机构和民用航空管理部门应当立即采取排查措施，及时消除；无法消除的，应当通报无线电管理机构及时处理。

第四十九条 违反本办法规定，有违反机场净空和电磁环境保护规定行为的，机场管理机构应当采取必要措施予以制止，并移交机场所在地有关地方人民政府或者有关部门依法处理。

深圳市宝安国际机场管理办法（节选）

【发布日期】 2006.03.27
【实施日期】 2006.05.01
【效力级别】 地方政府规章
【发文字号】 深圳市人民政府令第 148 号

第六十六条 在机场地区及其依法划定的机场电磁环境保护区域内不得修建影响民用航空无线电台（站）电磁环境的建筑物、构筑物或者其他设施。

任何单位和个人设置的无线电发射设备及产生电磁辐射、反射的设施或物体，不得妨碍民用航空无线电专用频率的正常使用。

第六十七条 空中交通管制部门及机场管理机构发现航空无线电台（站）受到其他非民用航空无线电台（站）或者其他干扰源的有害干扰时应当及时制止，并向无线电管理部门报告有关干扰的详细情况。无线电管理部门应当及时采取措施，依法排除干扰。

厦门市人民政府关于厦门高崎国际机场净空保护区域和电磁环境保护区域及其相关保护要求的通告（节选）

【发布日期】2017.07.19
【实施日期】2017.07.19
【效力级别】地方规范性文件

二、机场电磁环境保护区域范围和保护要求

机场电磁环境保护区由机场飞行区电磁环境保护区和民用航空无线电台（站）电磁环境保护区两部分组成。

（一）机场飞行区电磁环境保护区域范围（厦门高崎国际机场电磁环境保护区图标注的黑线区域）和保护要求

1. 区域范围：湖里区、思明区、集美区、海沧区、翔安区以及同安区部分区域，具体边界如下：东至翔安赵厝、后莲、浦尾、后村；南至厦门岛内南侧边界；西至京口岩山、厦门出口加工区、蔡尖尾山、新阳医院；北至官林头立交、河南山、后溪镇、岩内水库、后垵立交。

2. 保护要求：禁止破坏民用航空无线电设施行为。

（二）民用航空无线电台（站）电磁环境保护区域范围（厦门高崎国际机场电磁环境保护区图标注的红线区域）和保护要求

1. 区域范围：

（1）以机场跑道中点分别沿着跑道中心线向东北方向延伸3700米，向西南方向延伸3500米，形成宽1000米、长7200米的矩形范围内；

（2）以杏林导航台为圆心，半径360米的圆形范围内；

（3）以主降外指点标为圆心，半径75米的圆形范围内。

2. 保护要求：

（1）禁止修建架空高压输电线、架空金属线、铁路、公路、电力排灌站；

（2）禁止存放金属堆积物；

（3）禁止种植高大植物；

（4）禁止从事掘土、采砂、采石等改变地形地貌的活动；

（5）禁止从事国务院民用航空主管部门规定的其他影响民用机场电磁环境的行为。

三、其他规定

（一）机场净空保护区域同时被确立为无人驾驶航空器禁飞区域，任何机构、单位和个人严禁在湖里区湖里街道、殿前街道、禾山街道、江头街道、金山街道，思明区莲前街道、开元街道、筼筜街道、梧村街道，海沧区海沧街道，集美区集美街道、侨英街道、杏林街道，翔安区新店镇、马巷镇以及同安区西柯镇等行政区域内施放无人驾驶航空器，违者依法予以严处。

（二）所有新建和扩建的建/构筑物（含施工塔吊、楼顶附属物）均应严格按净空限制高度控制。

（三）在机场净空保护区以外，距机场跑道中心线两侧各10公里、跑道端外20公里范围内，高出原地面30米且高出机场标高150米的高大物体，可能影响机场运行安全的，应当进行航行研究，并办理净空审核手续。

（四）通过机场附近或进入机场的100千伏及以上的高压架空输电线距跑道中心线的距离不得小于4公里，同时高压架空输电线距飞机下滑航道距离不得小于300米。

（五）机场进近灯光保护区范围内，除导航所必需的设施外，不应有突出于进近灯光芯高度以上的物体，不应存在遮挡驾驶员观察进近灯光视线的物体。

（六）任何单位或者个人使用的无线电台（站）和其他仪器、装置，不得对民用航空无线电专用频率的正常使用产生干扰。

（七）在机场电磁环境保护区内设置、使用无线电台（站）的单位或个人，应向厦门市无线电管理局提出申请。

（八）民航厦门安全监督管理局和厦门市无线电管理局负责解释本通告并补充未尽事宜。

（四）升空物体管理

民用机场管理条例（节选）

【发布日期】2009.04.13
【实施日期】2009.07.01
【效力级别】行政法规
【发文字号】国务院令第553号

第四十九条　禁止在民用机场净空保护区域内从事下列活动：

（五）放飞影响飞行安全的鸟类，升放无人驾驶的自由气球、系留气球和其他升空物体；

第七十九条　违反本条例的规定，有下列情形之一的，由民用机场所在地县级以上地方人民政府责令改正；情节严重的，处2万元以上10万元以下的罚款：

（五）放飞影响飞行安全的鸟类、升放无人驾驶的自由气球、系留气球和其他升空物体；

北京市民用机场净空保护区域管理若干规定（节选）

【发布日期】2010.09.09
【实施日期】2010.11.01
【效力级别】地方政府规章
【发文字号】北京市人民政府令第 223 号

第十一条 区县人民政府应当会同市气象主管部门、民用机场管理机构确定民用机场净空保护区域内升放无人驾驶的自由气球、系留气球的限制高度和区域，并向社会公布。

区县人民政府应当会同市体育主管部门、民用机场管理机构确定民用机场净空保护区域内航空模型飞行限制高度和区域，并向社会公布。

区县人民政府应当会同民用机场管理机构确定民用机场净空保护区域内升放风筝、孔明灯以及其他升空物体的限制高度和区域，并向社会公布。

区县人民政府应当会同市公安机关、民用机场管理机构确定民用机场净空保护区域内燃放烟花、焰火的限制高度和区域，并向社会公布。

江苏省民用航空条例（节选）

【发布日期】2017.01.18
【实施日期】2017.07.01
【效力级别】省级地方性法规
【发文字号】江苏省人大常委会公告第52号

第四十四条 公安、交通运输、工商、体育、气象等行政管理部门应当配合地区民用航空管理机构、有关军事机关，依法及时处理未经批准擅自飞行、超执照等级飞行、超空域范围飞行等扰乱空中秩序的违法违规行为，确保飞行安全和地面重要目标安全。

有关部门应当依法加强民用无人机、滑翔机、动力伞、飞艇、热气球、航空模型等低空慢速小型飞行器的升空、飞行等活动的监督管理。

湖北省民用机场净空安全保护条例（节选）

【发布日期】2010. 12. 04
【实施日期】2011. 03. 01
【效力级别】省级地方性法规
【发文字号】湖北省人民代表大会常务委员会公告第 112 号

第十三条　在民用机场净空保护区边界接壤的区域升放无人驾驶自由气球、系留气球的，必须依法经气象主管机构批准。升放无人驾驶自由气球的，还应当在拟升放 2 日前持气象主管机构的批准文件向当地空中交通管理部门提出升放申请，空中交通管理部门应当在拟升放 1 日前作出批准或者不予批准的决定，并通知申请人。

第十四条　在民用机场净空保护区边界接壤的区域升放的无人驾驶自由气球、系留气球发生下列异常情形之一的，升放单位或者个人应当立即向空中交通管理部门和气象主管机构报告：

（一）无人驾驶自由气球非正常运行的；

（二）系留气球意外脱离系留的；

（三）其他可能影响飞行安全的异常情形。

第十五条　在民用机场净空保护区边界接壤的区域使用飞艇、热气球、滑翔机、动力伞等航空器从事航空飞行的单位或者个人，需要划定临时飞行空域的，应当持有关升空物体的种类、放飞起止时间、放飞高度、活动范围等文字材料，依法向空中交通管理部门提出书面申请；受理部门在收到申请之日起 3 日内，决定是否予以批准，并书面告知申请人。

　　第二十九条　违反本条例第十五条规定，未经批准使用飞艇、热气球、滑翔机、动力伞等航空器从事航空飞行或者未按批准的飞行计划飞行的，由空中交通管理部门责令改正，给予警告；情节严重的，处 2 万元以上 10 万元以下罚款。

青岛市民用机场净空和电磁环境
保护管理办法（节选）

【发布日期】2015. 12. 24
【实施日期】2016. 02. 01
【效力级别】地方政府规章
【发文字号】青岛市人民政府令第 242 号

  第十九条 民用机场净空保护区外升放无人驾驶的自由气球或者系留气球的，应当依法获得批准，并在确定的施放范围内升放。

  升放的无人驾驶的自由气球发生非正常运行或者系留气球意外脱离系留的，升放单位和个人应当立即向民航空管机构和气象主管机构报告，并做好有关事故的处理工作。

贵阳龙洞堡国际机场净空和电磁环境保护管理规定（节选）

【发布日期】2013.11.05
【实施日期】2014.01.01
【效力级别】地方政府规章
【发文字号】贵阳市人民政府令第 11 号

第二十六条 本规定所称升空物体，是指飞艇、热气球、滑翔机等民用航空器及能够悬浮于空中的气球。

第二十七条 禁止在贵阳机场跑道两端延长线各 10 公里、两侧各 3 公里范围内施放升空物体。

第二十八条 在贵阳机场净空保护区域外进行升放气球活动，不得影响航空器飞行安全。升放无人驾驶自由气球或系留气球，应当办理下列手续：

（一）升放无人驾驶自由气球的，应当在拟升放 5 日前向气象主管部门提出申请；升放系留气球的，应当在拟升放 3 日前向气象主管部门提出申请。符合规定条件的，气象主管部门应当自受理申请之日起 2 日内作出书面行政许可决定。

（二）升放无人驾驶自由气球的，应当在拟升放 2 日前持气象主管部门的批准文件向民航空中交通管制部门提出升放申请。民航空中交通管制部门应当在拟升放 1 日前作出批准或者不予批准的决定，并通知申请人。

第二十九条 经批准升放无人驾驶自由气球或者系留气球，

应当有可靠的固定设施，并严格遵守有关操作规程。

第三十条 升空物体施放现场应当有专人监控，施放过程中发生无人驾驶自由气球非正常运行、系留气球意外脱离系留或者其他事故的，应当做好有关事故的处理工作，并及时向气象主管部门和民航空中交通管制部门报告。

第三十一条 放飞飞艇、热气球、滑翔机等飞行活动，放飞单位应当事前向民航空中交通管制部门报批，提供有关升空物体种类、放飞起止时间、放飞高度、活动范围等材料。

第三十四条 违反本规定第二十八条规定在贵阳机场跑道两端延长线各10公里、两侧各3公里范围内施放升空物体，造成严重后果构成犯罪的，移送司法机关依法追究刑事责任。

第三十五条 违反本规定升放无人驾驶自由气球或者系留气球的，由气象行政部门依据《贵阳市施放气球安全管理规定》的规定予以处罚。

第三十六条 违反本规定，构成违反治安管理行为的，由公安机关依据《中华人民共和国治安管理处罚法》的规定予以处罚。

辽宁省民用机场净空安全保护办法（节选）

【发布日期】2013.07.12
【实施日期】2013.08.20
【效力级别】地方政府规章
【发文字号】辽宁省人民政府令第284号

第十二条 市人民政府应当组织地区民用航空管理机构、政府有关部门以及机场管理集团公司，确定机场净空保护区域外机场周边区域修建建（构）筑物，种植高大树木，燃放升空的爆竹、烟花、焰火，升放无人驾驶的自由气球、系留气球和风筝、孔明灯等其他升空物体的限制高度或者区域，并向社会公布。

第十四条 单位或者个人在净空保护区域外，升放无人驾驶自由气球或者系留气球，应当向升放地县以上气象主管机构提出申请。气象主管机构应当自受理申请之日起2日内作出批准或者不予批准的决定，并通知申请人。

升放无人驾驶自由气球，应当在拟升放2日前持气象主管机构的批准文件，向当地空中交通管理部门提出申请，空中交通管理部门应当在拟升放1日前作出批准或者不予批准的决定，并通知申请人。

升放无人驾驶自由气球非正常运行或者系留气球意外脱离系留的，升放单位或者个人应当立即向空中交通管理部门和气象主管机构报告。

　　第十五条　在机场净空保护区域边界接壤的地区使用飞艇、热气球、滑翔机、动力伞等航空器从事航空飞行的单位或者个人，需要划定临时飞行空域的，应当在拟使用临时飞行空域 7 个工作日前向空中交通管理部门提出书面申请；受理申请的空中交通管理部门自收到申请之日起 3 日内，作出批准或者不予批准的决定，并书面告知申请人。

　　第二十四条　违反本办法第十一条、第十四条、第十五条规定的，按照国务院《民用机场管理条例》、《通用航空飞行管制条例》有关规定予以处罚。

河北省民用机场净空和电磁环境
保护办法（节选）

【发布日期】2012.12.28
【实施日期】2013.02.01
【效力级别】地方政府规章
【发文字号】河北省人民政府令〔2012〕第 16 号

第十七条 在民用机场净空保护区域外升放无人驾驶自由气球、系留气球的，应当经当地气象主管机构依法批准后方可进行，并不得影响民用航空飞行安全。发生下列可能危及飞行安全的情形时，升放单位、个人应当立即向飞行管制部门和当地气象主管机构报告：

（一）无人驾驶自由气球非正常运行的；

（二）系留气球意外脱离系留的；

（三）其他可能影响飞行安全的异常情形。

深圳市宝安国际机场管理办法（节选）

【发布日期】2006.03.27
【实施日期】2006.05.01
【效力级别】地方政府规章
【发文字号】深圳市人民政府令第 148 号

　　第五十九条　　在机场净空保护区域及其周边地区进行飞艇、热气球、滑翔机、动力伞、系留空飘气球等施放活动及进行对空炮射的，应当依法获得批准，并由批准机关通报空中交通管制部门和机场管理机构。

二、机场的航空器噪声管理

中华人民共和国环境噪声污染防治法（节选）

【发布日期】1996. 10. 29
【实施日期】1997. 03. 01
【效力级别】法律
【发文字号】主席令第 77 号

第六条　国务院环境保护行政主管部门对全国环境噪声污染防治实施统一监督管理。

县级以上地方人民政府环境保护行政主管部门对本行政区域内的环境噪声污染防治实施统一监督管理。

各级公安、交通、铁路、民航等主管部门和港务监督机构，根据各自的职责，对交通运输和社会生活噪声污染防治实施监督管理。

第七条　任何单位和个人都有保护声环境的义务，并有权对造成环境噪声污染的单位和个人进行检举和控告。

第十三条　新建、改建、扩建的建设项目，必须遵守国家有关建设项目环境保护管理的规定。

建设项目可能产生环境噪声污染的，建设单位必须提出环境影响报告书，规定环境噪声污染的防治措施，并按照国家规定的程序报环境保护行政主管部门批准。

环境影响报告书中，应当有该建设项目所在地单位和居民的意见。

第十四条 建设项目的环境噪声污染防治设施必须与主体工程同时设计、同时施工、同时投产使用。

建设项目在投入生产或者使用之前，其环境噪声污染防治设施必须经原审批环境影响报告书的环境保护行政主管部门验收；达不到国家规定要求的，该建设项目不得投入生产或者使用。

第十五条 产生环境噪声污染的企业事业单位，必须保持防治环境噪声污染的设施的正常使用；拆除或者闲置环境噪声污染防治设施的，必须事先报经所在地的县级以上地方人民政府环境保护行政主管部门批准。

第四十条 除起飞、降落或者依法规定的情形以外，民用航空器不得飞越城市市区上空。城市人民政府应当在航空器起飞、降落的净空周围划定限制建设噪声敏感建筑物的区域；在该区域内建设噪声敏感建筑物的，建设单位应当采取减轻、避免航空器运行时产生的噪声影响的措施。民航部门应当采取有效措施，减轻环境噪声污染。

第六十一条 受到环境噪声污染危害的单位和个人，有权要求加害人排除危害；造成损失的，依法赔偿损失。

赔偿责任和赔偿金额的纠纷，可以根据当事人的请求，由环境保护行政主管部门或者其他环境噪声污染防治工作的监督管理部门、机构调解处理；调解不成的，当事人可以向人民法院起诉。当事人也可以直接向人民法院起诉。

第六十三条 本法中下列用语的含义是：

（三）"噪声敏感建筑物集中区域"是指医疗区、文教科研区和以机关或者居民住宅为主的区域。

中华人民共和国城市区域环境噪声标准

1. 主题内容与适用范围

本标准规定了城市五类区域的环境噪声最高限值。

本标准适用于城市区域。乡村生活区域可参照本标准执行。

2. 标准值

城市 5 类环境噪声标准值如下：

类别	昼间	夜间
0 类	50 分贝	40 分贝
1 类	55 分贝	45 分贝
2 类	60 分贝	50 分贝
3 类	65 分贝	55 分贝
4 类	70 分贝	55 分贝

3. 各类标准的适用区域

（1）0 类标准适用于疗养区、高级别墅区、高级宾馆区等特别需要安静的区域。位于城郊和乡村的这一类区域分别按严于 0 类标准 5 分贝执行。

（2）1 类标准适用于以居住、文教机关为主的区域。乡村居住环境可参照执行该类标准。

（3）2 类标准适用于居住、商业、工业混杂区。

（4）3 类标准适用于工业区。

（5）4 类标准适用于城市中的道路交通干线道路两侧区域，穿越城区的内河航道两侧区域。穿越城区的铁路主、次干线两侧区域的背景噪声（指不通过列车时的噪声水平）限值也执行该类标准。

4. 夜间突发噪声

夜间突发的噪声，其最大值不准超过标准值 15 分贝。

民用机场管理条例（节选）

【发布日期】2009.04.13
【实施日期】2009.07.01
【效力级别】行政法规
【发文字号】国务院令第 553 号

第五十九条　在民用机场起降的民用航空器应当符合国家有关航空器噪声和涡轮发动机排出物的适航标准。

第六十条　机场管理机构应当会同航空运输企业、空中交通管理部门等有关单位，采取技术手段和管理措施控制民用航空器噪声对运输机场周边地区的影响。

第六十一条　民用机场所在地有关地方人民政府制定民用机场周边地区的土地利用总体规划和城乡规划，应当充分考虑民用航空器噪声对民用机场周边地区的影响，符合国家有关声环境质量标准。

机场管理机构应当将民用航空器噪声对运输机场周边地区产生影响的情况，报告有关地方人民政府国土资源、规划建设、环境保护等主管部门。

第六十二条　民用机场所在地有关地方人民政府应当在民用机场周边地区划定限制建设噪声敏感建筑物的区域并实施控制。确需在该区域内建设噪声敏感建筑物的，建设单位应当采取措施减轻或者避免民用航空器运行时对其产生的噪声影响。

民用机场所在地有关地方人民政府应当会同地区民用航空管理机构协调解决在民用机场起降的民用航空器噪声影响引发的相关问题。

第八十二条 违反本条例的规定，在民用机场起降的民用航空器不符合国家有关航空器噪声和涡轮发动机排出物的适航标准的，由民用航空管理部门责令相关航空运输企业改正，可以处 10 万元以下的罚款；拒不改正的，处 10 万元以上 50 万元以下的罚款。

北京市环境噪声污染防治办法（节选）

【发布日期】2006.11.27
【实施日期】2007.01.01
【效力级别】地方政府规章
【发文字号】北京市人民政府令第181号

第六条 区、县人民政府应当根据城市规划和声环境质量标准，划定本行政区域内各类声环境质量标准的适用区域，并向社会公告，同时报市环境保护行政主管部门备案。

机场周围飞机噪声环境标准适用区域由市环境保护行政主管部门会同市有关行政主管部门和相关区、县人民政府划定，报市人民政府批准后实施。

第二十六条 有关部门在制定机场飞行程序时，应当考虑噪声影响，尽量避开噪声敏感建筑物集中区域。

民用航空器起飞、降落或者低空飞行时，应当遵守规定的飞行程序。

第二十七条 在飞机噪声环境标准适用区域内建设建筑物的，应当执行相应标准适用区域的规定。

江苏省民用航空条例（节选）

【发布日期】2017.01.18
【实施日期】2017.07.01
【效力级别】省级地方性法规
【发文字号】江苏省人大常委会公告第 52 号

第三十四条 运输机场所在地设区的市人民政府应当在航空器起飞、降落的净空周围划定限制建设噪声敏感建筑物的区域，并组织县（市、区）人民政府及有关部门实施控制。

确需在前款规定的区域内建设噪声敏感建筑物的，建设单位应当采取措施减轻、避免民用航空器运行时对其产生的噪声影响。

机场管理机构应当会同航空运输企业、空中交通管理部门等单位，采取技术手段和管理措施控制民用航空器噪声对运输机场周边地区的影响。

上海市民用机场地区管理条例（节选）

【发布日期】2011.09.22
【实施日期】2011.12.01
【效力级别】省级地方性法规
【发文字号】上海市人民代表大会常务委员会公告第38号

　　第三十五条　机场管理机构应当协同市规划国土行政管理部门和市环境保护管理部门划定机场地区噪声影响范围。

　　在机场地区噪声影响范围内，限制新建、改建、扩建噪声敏感建筑物。经批准在机场地区噪声影响范围内建设噪声敏感建筑物的，建设单位应当采取减轻、避免噪声影响的措施。机场管理机构应当对航空器产生的噪声实施监测，并会同公共航空运输企业、空中交通管理部门等单位采取措施，控制航空器噪声对周围环境的污染。

浙江省民用机场管理办法（节选）

【发布日期】2014.07.17
【实施日期】2014.10.01
【效力级别】地方政府规章
【发文字号】浙江省人民政府令第 324 号

第十一条 民用机场所在地城市、县人民政府制定涉及民用机场的土地利用总体规划、城乡规划和有关部门审批相关建设工程项目时，应当充分考虑民用航空器噪声对民用机场周边区域的影响，符合民用机场周边地区声环境质量标准的控制要求。

民用机场所在地城市、县人民政府依据国家规定，组织有关部门划定限制建设噪声敏感建筑物的区域，并采取措施实施控制。确需在该限制区域内建设噪声敏感建筑物的，建设单位应当采取措施，减轻或者避免民用航空器运行时对其产生的噪声影响。

民用航空主管部门和相关机构确定飞行程序时尽量避开噪声敏感建筑物集中区域。

民用机场管理机构应当将民用航空器噪声对机场周边区域产生影响的情况报告民用机场所在地城市、县人民政府国土资源、城乡规划、环境保护等部门，并会同航空运输企业等单位，采取在噪声敏感时段适时调整航空器起降运行模式等技术手段和管理措施，减少和控制民用航空器噪声对机场周边地区的影响。

天津市民用机场净空及安全管理规定（节选）

【发布日期】2013.05.27
【实施日期】2013.07.01
【效力级别】地方政府规章
【发文字号】天津市人民政府令第3号

第十三条 市和区县人民政府制定民用机场周边地区的土地利用总体规划和城乡规划，应当充分考虑民用航空器噪声对民用机场周边地区的影响，符合国家有关声环境质量标准。

机场管理机构应当将民用航空器噪声对机场周边地区产生影响的情况，报告市或者区县人民政府国土资源、规划、建设、环境保护等主管部门。

重庆市民用机场管理办法（节选）

【发布日期】2012.09.14
【实施日期】2012.11.01
【效力级别】地方政府规章
【发文字号】重庆市人民政府令第266号

第三十八条　机场所在地有关地方人民政府制定机场周边地区的土地利用总体规划和城乡规划，应当充分考虑民用航空器噪声对机场周边地区的影响，符合国家有关声环境质量标准。

机场管理机构应当将民用航空器噪声对机场周边地区产生影响的情况，报告有关地方人民政府国土资源、规划建设、环境保护等主管部门。

第三十九条　机场所在地有关地方人民政府应当组织城乡规划、国土资源、环境保护主管部门和机场管理机构在机场周边地区划定限制建设噪声敏感建筑物的区域并实施控制。确需在该区域内建设噪声敏感建筑物的，建设单位应当采取措施减轻或者避免民用航空器运行时对其产生的噪声影响。

机场所在地有关地方人民政府应当会同民用航空管理部门协调解决在机场起降的民用航空器噪声影响引发的相关问题。

声　明　1. 版权所有，侵权必究。

2. 如有缺页、倒装问题，由出版社负责退换。

图书在版编目（ＣＩＰ）数据

北京地区民用机场运营管理立法汇编/北京首都国际机场股份有限公司编
北京：中国政法大学出版社，2018.1
　ISBN 978-7-5620-7979-8

　Ⅰ.①北… Ⅱ.①北… Ⅲ.①民用机场－运营管理－法规－汇编－北京
Ⅳ.①D927.102.296

中国版本图书馆CIP数据核字(2017)第319566号

出　版　者	中国政法大学出版社
地　　　址	北京市海淀区西土城路 25 号
邮寄地址	北京 100088 信箱 8034 分箱　邮编 100088
网　　　址	http://www.cuplpress.com（网络实名：中国政法大学出版社）
电　　　话	010-58908289(编辑部) 58908334(邮购部)
承　　　印	北京中科印刷有限公司
开　　　本	880mm×1230mm　1/32
印　　　张	10.5
字　　　数	275 千字
版　　　次	2018 年 1 月第 1 版
印　　　次	2018 年 1 月第 1 次印刷
定　　　价	49.00 元